PERSIL

Herausgegeben von Günter Mick

Frankfurt

Streifzüge durch das zwanzigste Jahrhundert

SOCIETÄTS**VERLAG**

Abbildungen im Innenteil:
Archiv der Frankfurter Neuen Presse

Umschlaggestaltung: Lohse Design, Büttelborn
Umschlagabbildung: Wolfgang Lechthaler
Satz: Societäts-Verlag, Annette Schäfer
Druck und Verarbeitung: Ebner & Spiegel GmbH, Ulm
Printed in Germany 2002

ISBN 3-7973-0816-7

Inhalt

Vorwort

Nein, dieses Buch erhebt keinen Anspruch auf Vollständigkeit. Es soll und kann nicht jedes Ereignis erfassen, dem man Bedeutung in der jüngeren Geschichte der Stadt Frankfurt zumessen mag – gleichsam eine Jahreschronik des 20. Jahrhunderts. In Bildern und diese begleitenden, erläuternden Beiträgen aus einer Serie der „Frankfurter Allgemeinen Zeitung“ soll das vergangene Jahrhundert vielmehr skizziert werden am Beispiel von Momentaufnahmen, Daten und Vorgängen, die die Entwicklung der Stadt charakterisieren oder einfach nur ein Streiflicht auf sie werfen. Es wird ein großer Bogen geschlagen – von der so schönen Stadt, die sich mit ihren im Herzen erhaltenen mittelalterlichen Strukturen unter der Obhut des gotischen Doms malerisch an den Main schmiegte, bis hin zum pulsierenden Zentrum der Rhein-Main-Region, dessen Skyline hochstrebendes Wahrzeichen für Moderne und wirtschaftliche Macht wurde. Vom Kaiserbesuch 1903 zur französischen Besatzung nach der Niederlage des preußisch geführten Reichs, von der Wiederbesinnung auf die freiheitlich-demokratischen Ideen der Paulskirche in der Weimarer Republik zur Zerstörung der Stadt und ihrer sichtbaren Geschichte wegen des historischen Frevels eines Führerstaates; vom demokratischen Neubeginn zur ambitionierten europäischen Finanz- und Verkehrsmetropole, „heimliche“ Hauptstadt, die aus manchen Fehlentwicklungen heraus sich wieder auf ihre Geschichte zu besinnen begann. Ereignisse, die die Stadt und ihre Bürger bewegten, erschütterten, begeisterten. Dazwischen einfach auch nur Episodisches: Seiltänzer auf dem Römerberg, Eintracht Frankfurt deutscher Meister, Cassius Clay boxt im Waldstadion. Streifzüge durch das zwanzigste Jahrhundert – ein Panorama, und damit Blicke auf eine Stadt, auf die zu schauen sich, aller Zeitläufe zum Trotz, lohnt.

GÜNTER MICK

Das berühmte Frankfurter Flusspanorama zu Beginn des Jahrhunderts

Von Hölderlin emphatisch besungen:
„Doch nimmer vergess ich dich, so fern ich wandre, schöner Main"

Zum Beispiel der große Hölderlin besang die Frankfurter Mainfront emphatisch: „Doch nimmer vergeß ich dich, so fern ich wandre, schöner Main! und deine Gestade, die vielbeglückten." Auch der nicht ganz so große Dichterkollege Rudolf G. Binding pries Frankfurt ob seiner schönen Lage: „Wie zur Schau hast du dich hingebreitet, und kaum eine andere Stadt gleicher Größe empfängt den sich über die Brücken des Stromes Nahenden mit gleicher Gunst." Bei seinem 1924 erschienenen „Lob Frankfurts" hatte Binding ein Flusspanorama vor Augen, das es heute nicht mehr gibt. Er sah das Frankfurter Mainufer vom östlichen Untermainkai bis – am 1868 gebauten Eisernen Steg vorbei – zum Kaiserdom, den barocken Bernus-Bau und den mittelalterlichen Rententurm zu Füßen von St. Bartholomäus.

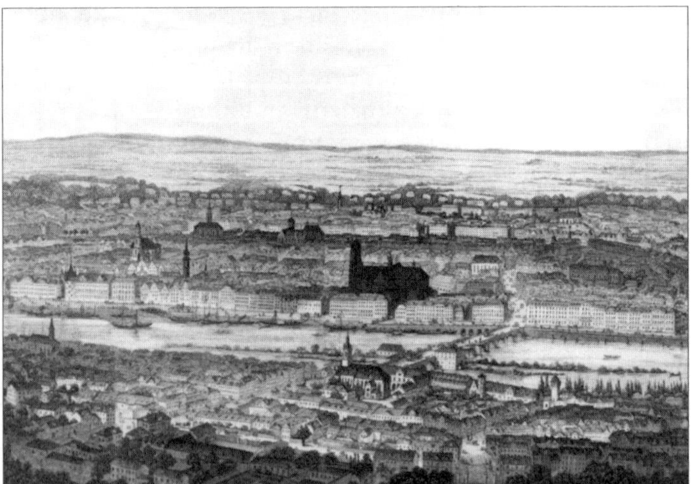

Flusspanorama

Links davon der die Häuserzeile am Ufer überragende spitze Turm von St.-Nikolai am Römerberg; das mächtige Satteldach und die beiden gedrungenen romanischen Türme von St. Leonhard; der (1948 abgerissene) Dachreiter des Römer, die Paulskirche und die beiden Türme des neugotischen Rathauses.

Um 1910 waren das Mainpanorama und die hinter dieser viel gepriesenen „Kulisse“ liegende Bebauung noch eine Einheit. Denn im Schatten des Domturms, der seine Spitze erst nach dem verheerenden Brand von 1867 erhalten hatte, lag Frankfurts mittelalterliche Altstadt, das größte Ensemble seiner Art in Deutschland. Namen von Patrizierhäusern, Straßen und Plätzen belegten den pittoresken Rang dieses Viertels: Alter Markt, Garküchenplatz, Fünffingerplätzchen, Schwertfegergässchen, Tuchgaden, die Höfe zum Rebstock und zum Goldenen Lämmchen, Fürsteneck ... und viele andere.

Wahr ist aber auch, dass um 1910 Zeichen des äußeren und des sozialen Verfalls in dieser Altstadt nicht zu übersehen waren. „Wie wenige all der Tausende, die mit begeisterten Augen über den Alten Markt zum Dom emporschauten, werden jemals in die oft schmutzigen Stuben und übelriechenden Kammern selbst hineingesehen haben, die hinter diesen malerischen Fassaden liegen.“

Das schrieb der Kunsthistoriker Fried Lübbecke in der „Frankfurter Zeitung“. Sein Appell, den Niedergang nicht einfach geschehen zu lassen, führte 1922 zur Gründung des Bundes tätiger Altstadtfreunde, der die Hälfte der 1200 Häuser herrichten und zu Weihnachten Altstadtkindern in den Römerhallen den Tisch decken ließ. Die Stadt tat das ihre zur Instandsetzung. So war schließlich der Wert dessen, was bei den Luftangriffen gegen Ende des Zweiten Weltkriegs in Schutt und Asche sank, umso größer.

Schon zu Kriegsbeginn ließen, ahnungsvoll, der Altstadtbund und das städtische Kulturamt die wertvollsten Bauten zeichnerisch und fotografisch dokumentieren. Noch im Jahr 1943 kamen Hunderte von Aufnahmen, sozusagen in letzter Minute, zu Stande.

Ein Bild vom Mainuferpanorama aus diesem Jahr gleicht bis ins Detail früheren Aufnahmen von 1910: Nichts hatte bis dahin „die Anmut, die ewige Jugend deines Gesichtes" (Rudolf G. Binding) beeinträchtigen können.

Heute sieht es damit ein wenig anders aus. Eine Hochhaussilhouette, der neue Stolz, bedrängt die alte Häuserfront. Doch diese wirkt zumindest in der Kontur, auch wenn zerstörte Bürgerhäuser durch Nachkriegsbauten ersetzt wurden, nahezu unangetastet. Immer noch zählt also das Stadtpanorama am Fluss zu den Vorzeigebildern. Diese Kontinuität ist erstaunlich genug für eine Stadt, die sich in weiten Teilen während der Spanne eines Jahrhunderts bis zur Unkenntlichkeit verwandelte.

Jörg Kauffmann

Im Juni 1903 besucht Kaiser Wilhelm II. Frankfurt

Kleine Sticheleien und ein festlicher Empfang – Sängerwettstreit und Sozialpolitik

Eine heikle Angelegenheit, dieser hohe Besuch im Juni 1903. Der Kaiser in Frankfurt, in jener Stadt, die 1866 vor der Übermacht der preußischen Waffen kapitulieren musste und von dem fremden Staat einverleibt wurde; der Bürgermeister hatte sich damals erhängt. Immer noch gilt die Stadt als Hort des liberalen Bürgertums, und die „Frankfurter Zeitung" ist sein reichsweit viel gelesener, demokratischer Bote.

Wie also dem Besucher begegnen? Die Zeitung entscheidet sich für eine respektvolle und versteckt ironische Betrachtung. „Frisch und blühend" habe der Kaiser bei seiner Ankunft auf dem Frankfurter Bahnhof ausgesehen, notiert ein Reporter – soweit man es im Vorübergehen habe erkennen können, denn der Kaiser lege ein ordentliches Schritttempo vor. Wohlgefällig wird vermerkt, dass Wilhelm II. nur wenige Orden angelegt habe – anders als die Hofchargen, die im „Wettstreit der Auszeichnungen" standen.

Ein Wettstreit ist auch der Anlass für den kaiserlichen Besuch in Frankfurt. In einer riesigen hölzernen Festhalle an der Forsthausstraße bewerben sich die besten Männergesangvereine Deutschlands um den „Kaiserpreis", den Wilhelm II. ausgesetzt hat. In zwei Runden innerhalb von drei Tagen wird der Sieger ermittelt. Mit bewundernswerter Geduld hört sich das Kaiserpaar, das solche pseudomittelalterlichen Inszenierungen schätzt, die dreitägigen Darbietungen von Anfang bis Ende an; vierzigmal wird dabei ein eigens für den Wettbewerb geschriebenes Stück dargeboten.

Eine Pause der Wettsänger nutzt der Kaiser für einen Abstecher in den Römer. Dort will er sich den neuen Rathausanbau anschauen. Auch das Interesse an modernen Zweckbauten ist typisch für diesen Kaiser, der zwischen Byzantinismus und Fortschrittsglauben hin und her gerissen ist. Am Mittag des 4. Juni 1903 fährt er durch die Straßen der ehemaligen Freien Stadt. Tausende säumen den Weg. Die Paulskirche, Symbol des demokratischen Deutschland, vor der Beamte Spalier stehen, lässt der Kaiser rechts liegen und blickt nach links.

Im Rathausanbau, der noch nicht ganz fertig gestellt ist, wird Wilhelm II. von Oberbürgermeister Franz Adickes begrüßt. Nicht ohne Sinn für die kleinen Sticheleien der Symbolik haben die Stadtoberen die Thronsessel für das kaiserliche Paar im Bürgersaal aufgestellt. Und auch die kurzen Ansprachen von Oberbürgermeister und Monarch, die die „Frankfurter Zeitung" abdruckt, verdienen eine genaue Lektüre:

Adickes vermeidet jeden Anschein von Schmeichelei gegenüber dem Kaiser. Eher unverbindlich stellt er fest, dass die Bürgerschaft durch enge Bande „mit dem unter dem Erbkaisertum der Hohenzollern geeinten neuen Reich" verbunden sei. Wilhelm II. revanchiert sich auf seine Weise, indem er den Wiederaufstieg Frankfurts auf das siegreiche „Schwert" seines Großvaters, Wilhelm I., zurückführt. Der Kaiser lobt außerdem die Sozialpolitik der Stadt, „einem meinem Herzen so naheliegenden Gebiete".

Das ist der „Frankfurter Zeitung" dann doch zu viel. Sie weist am nächsten Tag den Kaiser darauf hin, dass der wirtschaftliche Aufschwung Frankfurts seinen Anfang keineswegs mit den preußischen Waffensiegen über Österreicher und Franzosen 1866 und 1870/71 genommen habe. Zudem habe sich das freiheitlich gesinnte Bürgertum schon früh auf seine sozialpolitischen Pflichten besonnen, indem es ein Volksbildungswesen geschaffen und den Arbeitern die Sonntagsruhe verschafft habe. Dass der Kaiser die kommunale Sozialpolitik lobt, steht für den Kommentator im Widerspruch zur Politik der Reichsleitung.

Die Kritik der „Frankfurter Zeitung" ist nicht unberechtigt. Der sozialpolitische Elan, den Wilhelm II. 1890 nach seiner Thronbesteigung 1888 an den Tag gelegt hatte, war schnell verpufft. An seine Stelle trat in den späten Jahren des 19. Jahrhunderts eine repressive Politik gegen die Arbeiterschaft. Nach der Jahrhundertwende zog sich Wilhelm II. ganz aus der Sozialpolitik zurück.

Für die Bürger ist der Besuch des Kaisers vor allem Anlass, eine Art Volksfest zu feiern. Am Abend der Ankunft Wilhelms II. wird die Innenstadt mit bengalischen Feuern illuminiert, Mainschiffe haben Lampions gesetzt. Der Kaiser äußert sich zufrieden über den „festlichen“ Empfang durch die Bürgerschaft. Den „Kaiserpreis“ im Sängerwettbewerb erringt übrigens der Berliner Lehrergesangverein.

Matthias Alexander

Kaiser Wilhelm II.

Vom „Grafen Zeppelin" zum Interkontinental-Jet

Anfänge auf dem Flugplatz Rebstock –
Dank Adickes ging Frankfurt in die Luft

Es war eine ausgesprochen avantgardistische Veranstaltung, die vom 10. Juli bis 17. Oktober 1909 in Frankfurt in und vor der gerade ein Jahr alten Festhalle stattfand. Die Internationale Luftschifffahrt-Ausstellung hatte nicht ihresgleichen. Sie kam zustande, weil der Oberbürgermeister Franz Adickes, unterstützt von den Enthusiasten des Vereins für Luftschifffahrt, der festen Überzeugung war, dem Fliegen gehöre die Zukunft. Und dabei war es doch nur ein paar Jahre her, dass die Brüder Wright in Amerika die ersten motorgetriebenen Lufthüpfer unternommen hatten. Freilich hatte das Aufsteigen im Ballon, eine Vorstufe der Sehnsuchtsverwirklichung, den Boden unter den Füßen zu verlieren, in Frankfurt schon eine etwas längere Tradition. Der wagemutige Franzose Jean Pierre Blanchard war 1885 auf der Bornheimer Heide der erste Mensch in Deutschland, der vom Volk bejubelt „leichter als Luft" zu einer halbstündigen Ballonfahrt aufstieg.

Flugplatz Rebstock

Den ersten internationalen Luftfahrtsalon sahen anderthalb Millionen Menschen. Höhepunkt war die Landung des „Grafen Zeppelin“ am 31. Juli 1909. Danach gab es für die lokalen Aeronauten kein Halten mehr.

Noch im gleichen Jahr gründet sich die Deutsche Luftschifffahrt Aktiengesellschaft. 1911 wird auf dem Rebstock der Bau einer Luftschiffhalle begonnen, ein Jahr später das Luftschiff „Viktoria Louise“ dort beheimatet. Bis zum Kriegsausbruch befördert es bei fast 500 Fahnen fast 10 000 Passagiere. Das Jahr 1912 ist weiterhin deshalb bemerkenswert, weil mit dem „Gelber Hund“ genannten Doppeldecker des hiesigen Flugpioniers August Euler erstmals regelmäßig Luftpostflüge unternommen wurden.

Als die nach Kriegsende gegen den Verlierer Deutschland verhängten Luftfahrtrestriktionen fallen, strengen sich die Frankfurter mächtig an, nicht von der Hauptstadt Berlin abgehängt zu werden. Der Flugplatz Rebstock wird ausgebaut und unter dem Stadtoberhaupt Ludwig Landmann bald darauf schon wieder erweitert. 1924 wird die Südwestdeutsche Luftverkehrs AG aus der Taufe gehoben. Im Jahr zuvor war der Flugplatz Berlin-Tempelhof, ein ehemaliges Exerziergelände, eröffnet worden, und 1926 geschieht in Berlin abermals Wichtiges: Die Deutsche Luft Hansa, entstanden aus den Unternehmen Junkers Luftverkehr und Aero Lloyd, kommt ins Handelsregister und auf die Flughäfen.

Auch in Frankfurt floriert der Betrieb, angeboten werden Verbindungen nach deutschen und europäischen Städten. Trotz der Weltwirtschaftskrise gibt es in der Erwartung, die günstige geografische Lage der Stadt werde bald wieder einen Aufschwung des Luftverkehrs bewirken, Pläne für einen neuen Flughafen. Wie beim Autobahnbau deklarieren die 1933 an die Macht kommenden Nationalsozialisten auch diese Absicht als eigene Erfindung und machen den Flug- und Luftschiffhafen Rhein-Main zur groß angelegten Arbeitsbeschaffungsmaßnahme.

Nahe dem Schnittpunkt der beiden Autobahnen im Südwesten der Stadt hat die Luftfahrt ihren vorläufig letzten Frankfurter Standort gefunden. Am 8. Juli 1936 ist die

Inbetriebnahme. Die Luft Hansa macht Rhein-Main nach Tempelhof zum Flughafen mit den meisten Flügen. Zwei riesige Luftschiffhallen entstehen, eine davon Heimat des LZ 130 „Graf Zeppelin II". Dessen letzte Fahrt – nach der „Hindenburg"-Katastrophe von Lakehurst – findet 1937 statt.

1945 sieht es wüst und leer aus am Stadtwaldrand. Doch schon 1949 bauen die Amerikaner als Hausherren eine zweite Start- und Landebahn. Anfang der fünfziger Jahre sind 19 ausländische Airlines in Frankfurt heimisch geworden. 1955 bekommt Deutschland die Lufthoheit zurück. Stürmisch verläuft von nun an die Entwicklung. Rhein-Main wird zum europäischen Luftverkehrsknoten. Als um 1960 herum das Düsentriebwerk den Propellermotor als Flugzeugantrieb abzulösen beginnt, schlägt endgültig die große Stunde. Wenn bisher Start- und Zielflughäfen zum Beispiel für den Sprung über den Atlantik möglichst nahe an der Küste gelegen sein mussten, kann nun mit dem Interkontinental-Jet Boeing 707 dank größerer Reichweite anders disponiert werden.

Konsequent entwickelt die Lufthansa Frankfurt statt Hamburg zum Ausgangspunkt von Langstreckendiensten und zum „Heimatflughafen". Auf ihrer Werft entsteht die stolze Schmetterlingshalle, die damals größte und modernste ihrer Art in Europa. Wo Tauben sind, fliegen Tauben hin: Viele ausländische Gesellschaften zieht es zur Drehscheibe Frankfurt. Der Flughafen ist ein halbes Jahrhundert nach dem Luftfahrtsalon an der Festhalle in die Liga der Weltflughäfen aufgestiegen.

Jörg Kauffmann

Der Bau des Osthafens – Das letzte Frankfurter Großprojekt wilhelminischer Zeit

Industrieansiedlung und neue Wohngebiete – Auf Überschwemmungsgebiet dehnt sich die Stadt nach Osten aus

Später als andere deutsche Städte hat die „industrielle Revolution" Frankfurt verändert. Nach dem Schock der Annexion durch Preußen 1866 und dem Verlust der exklusiven Stellung der „Freien Stadt" strebte die Kommunalpolitik zunächst das Idealbild eines „schönen" Frankfurt an, Zentrum für Handel und Dienstleistungen, aber eben nicht für Industrie und Gewerbe. Deren Betriebe siedelten sich eher außerhalb der Stadtgrenzen an, in Nachbarortschaften wie Bornheim und Bockenheim.

Doch Daniel Heinrich Mumm von Schwarzenstein, Oberbürgermeister zwischen 1868 und 1880, erkannte schließlich, dass Frankfurt sich nicht, quasi „im Schmollwinkel", der urbanen Modernisierung verweigern konnte. Unter seinem Nachfolger (1880 bis 1890) Johannes Miquel wurde als erste Großtat der neue Hauptbahnhof, damals noch weit vor den Toren der freilich schnell wachsenden Stadt, eröffnet. Und vor allem Oberbürgermeister Franz Adickes hatte 22 Jahre lang, von 1891 bis 1912, Zeit, das Bild der Stadt einschneidend zu ändern. Zum Beispiel forcierte er den Ausbau der Wasserversorgung und legte sich eine bewusste Eingemeindungsstrategie zurecht. Das von der Signalwirkung her wichtigste Neubauprojekt aber, das im bisher vernachlässigten Gelände östlich des alten Stadtzentrums ganz neue Entwicklungen anstieß, war der Bau des Osthafens.

Einen Westhafen gab es schon seit 1886, aber er genügte nur kurze Zeit den Ansprüchen des durch die Mainkanalisierung gewachsenen Schiffsverkehrs. Der Osthafen, an dessen erster Bauetappe von 1909 bis 1912 gearbeitet wurde, sollte viel großzügiger werden. Das Erschließungsgelände war entsprechend: ungefähr so ausgedehnt wie das gesamte Stadtgebiet gegen Ende des 19. Jahrhunderts.

Bevor die Hafenbecken ausgehoben wurden, herrschte hier am nördlichen Mainufer zwischen Ostend und Fechenheim die Ödnis eines Überschwemmungsgebiets, das freilich den Vorzug hatte, städtisches Eigentum zu sein. Das erleichterte den Rathausgremien die Entscheidung über das bestgeeignete Hafengelände, und die erwies sich wegen der Folgewirkungen des Hafenbaus als eine der wichtigsten in der Geschichte des modernen Frankfurt. In großem Stil wurden neue Industrieflächen erschlossen. Erstmals betrieb die Kommune weitblickende Stadtplanung im heutigen Sinne. Der Schock von 1866, das „Inseldenken", war endgültig Vergangenheit. Was sich seitdem an Produktionsstandorten entlang der neu trassierten Hanauer Landstraße aneinander reihte, ist ohne den Anstoß durch den Osthafenbau nicht denkbar.

In der Zeitspanne von 1880 bis zum Ersten Weltkrieg, dessen Ausbruch den schnellen Ausbau des Osthafens unterbrach, vergrößerte sich Frankfurt sprunghaft von 140 000 auf 410 000 Einwohner. Nie wieder in späteren Jahren wuchs die Stadt annähernd so schnell. Zusammen mit der Industrieansiedlung entstanden folgerichtig neue Wohngebiete. Das Gemeinwesen dehnte sich in Richtung Fechenheim, Enkheim und Seckbach nach Osten aus. Als verkehrstechnische Ergänzung verband die neue Deutschherrnbrücke den Ost- mit dem Südbahnhof. Es war sichtbar, dass sich Frankfurt von der Messe- und Handelsstadt zur Industrie- und Gewerbemetropole wandelte.

Von seinem unbestreitbaren Nutzen als Versorgungseinrichtung abgesehen, war der Osthafen auch als Ensemble der Industriearchitektur ein eindrucksvolles Beispiel für das Frankfurter Leistungsvermögen. Die Honsellbrücke und die beiden klassizistischen Mühlenbauwerke an der Franziusstraße können sich als Denkmal eigener Art neben dem Besten sehen lassen, was in anderen Stadtteilen zur gleichen Zeit an Wohn- und Geschäftsbauten entstand. Der Osthafen ist das letzte Frankfurter Großprojekt wilhelminischer Zeit und ein Zeugnis des Selbstbewusstseins der aufstrebenden Kommune.

Jörg Kauffmann

Zwölf Jahre Bauzeit für die neue Alte Brücke

Neubau ohne Mühle auf Maininsel – Nach 700 Jahren zu Beginn des Ersten Weltkriegs abgerissen

Am 3. Juli 1914 war die Notbrücke aus Holz über den Main fertig gestellt, und endlich konnten die Abbrucharbeiten für die arg ramponierte Alte Brücke zwischen Frankfurt und Sachsenhausen beginnen. Fast 700 Jahre lang hatte sie gestanden, wenn auch lange schon nicht mehr in ihrem ursprünglichen mittelalterlichen Zustand. Mindestens 17 mal ist sie allein zwischen 1235 und 1739 umgebaut oder wieder

Die Alte Brücke

aufgebaut worden, nach Zerstörungen durch Kriege, Verwahrlosung oder Naturkatastrophen.

Schon im Jahr 1306 waren bei starkem Eisgang die beiden Brückentürme eingestürzt, woraufhin auch ein Teil der Brücke selber zusammenbrach und viele Menschen mit in den Tod riss. Bevor die Konstruktion in diesem Jahrhundert endgültig der Spitzhacke zum Opfer fiel, war sie 1740 das letzte Mal umfassend saniert worden.

Schon zu Beginn des 19. Jahrhunderts hatte das Bauwerk mit seiner nur sieben Meter breiten Fahrspur nicht mehr den Anforderungen der Zeit entsprochen, doch wurden die Neubauvorhaben aus den dreißiger und fünfziger Jahren nicht realisiert. Ausgerechnet im Jahr 1866 beschieden die Frankfurter schließlich das Projekt einer 17 Meter breiten neuen Verbindung über den Main positiv. Die Annexion der Freien Stadt durch Preußen im gleichen Jahr verhinderte allerdings das Vorhaben abermals, bis auch die neue Regierung 1891 erkannte, dass „der gegenwärtige Zustand unhaltbar" geworden sei. Mittlerweile war seit den siebziger Jahren in Frankfurt die Straßenbahn eingeführt worden, ein Umstand, der alle bestehenden Planungen hinfällig machte und neue Dimensionen voraussetzte.

Im Juni 1911 wurde ein Architektenwettbewerb ausgelobt, wobei das Tiefbauamt der Stadt die „stadtbildbestimmenden Umrisse des Vorgängerbauwerks" zu übernehmen vorgab. Bis zum September des gleichen Jahres waren bei der Jury 24 Entwürfe eingegangen. Lange Zeit ließen die Planer die Öffentlichkeit im Unklaren darüber, für welchen Vorschlag sie sich entschieden hatten. Am 23. Mai 1912 wurde zwar gemeinsam mit der Eröffnung des neuen Osthafens auch der Grundstein für die neue Brücke gelegt, doch es blieb ein Geheimnis, wie sie aussehen würde.

Erst Monate später präsentierte das Tiefbauamt einen eigenen Vorschlag einer Brücke mit nun 19 Meter breiter Fahrbahn mitsamt Fußwegen und darüber hinaus günstigsten Bedingungen für den Schiffsverkehr. Am 23. Dezember 1913 billigten die Stadtverordneten das 2,7 Millionen Reichsmark teure Projekt einer Betonkonstruktion, deren

Die Einweihung der Alten Brücke

Außenflächen dem Vorgängerbau entsprechend mit roten Sandsteinplatten verkleidet werden sollten. Auch eine neue Brückenmühle sollte es auf der Maininsel geben, mit einem öffentlichen Restaurant sowie Bootshallen und Vereinsräumen für Ruderer.

Zwölf schwere Kriegs- und Nachkriegsjahre sollte es dauern, bis die Frankfurter am 15. August 1926 den Main wieder auf ihrer Alten Brücke überqueren konnten, die freilich sowohl technisch als auch optisch mit dem Vorgängerbauwerk kaum noch etwas gemein hatte. Den Sparzwängen der Inflationszeit fiel schließlich auch die einst so markante Brückenmühle zum Opfer.

Ernst Wegener

Vorzeichen des Kriegsausbruchs 1914: Hamsterkäufe und Jubel für die preußischen Truppen

10753 Soldaten kehren nicht nach Frankfurt zurück

Ein wunderbarer Sommertag reiht sich an den anderen, doch am 25. Juli stürzen die Werte eines empfindlichen politischen Barometers ab und deuten auf eine Katastrophe hin: Die Börse, die in den Wochen nach dem Attentat auf den österreichischen Thronfolger am 28. Juni 1914 erstaunlich unberührt geblieben ist, reagiert auf den unmittelbar bevorstehenden Ablauf des Ultimatums der Doppelmonarchie an Serbien mit starken Kursverlusten.

Als am selben Abend die Meldung von der österreichischen Mobilmachung bekannt wird, versammeln sich die Frankfurter zum ersten Mal in großer Zahl auf den Straßen um den Bahnhof und vor den Zeitungsredaktionen. Alle wissen, dass jetzt mit einem großen europäischen Krieg zu rechnen ist, und viele sehnen ihn als Abwechslung vom bürgerlichen Alltag herbei. Nur einige Sozialdemokraten stemmen sich gegen die wachsende allgemeine Kriegserwartung. Parteiführer Max Quarck stellt in einer Versammlungsrede dem absolutistischen Österreich das Bauernvolk der Serben mit einer freien demokratischen Verfassung gegenüber.

Dafür, dass sich die Bürger Frankfurts mit dem Gedanken an den Krieg vertraut machen, gibt es weitere Anzeichen: Als die erste Abteilung des Feldartillerie-Regiments 63 durch Bockenheim zieht, wird es bejubelt – für preußische Militärs in der Stadt eine bisher ungewohnte Behandlung. Auf dem Bahnhof stapelt sich das Gepäck der verfrüht aus der Sommerfrische Heimkehrenden. Es kommt zu ersten Hamsterkäufen in den Geschäften. Und hunderte Brautpaare melden sich auf den Standesämtern, um sofort zu heiraten.

Am 1. August um 18.15 Uhr geht schließlich die Meldung von der deutschen Mobilmachung ein. Die Menschen reagieren nach den Wochen der Ungewissheit erleichtert, ein patriotisches Hochgefühl ergreift fast alle, auch die meisten Sozialdemokraten. Die Straßen rund um den Bahnhof füllen sich abermals mit einer riesigen Menschenmenge. Patriotische Lieder werden angestimmt. Aber unter den rund 100 000 Teilnehmern dieser spontanen Kundgebung soll keine Hurrastimmung geherrscht haben. Das gilt auch für den Berichterstatter der „Frankfurter Zeitung“, der fast prophetisch von der Menschenmenge schreibt, „über die das Schicksal die schwarzen Flügel zu breiten begonnen hat“. Außer den Einberufenen eilen viele Freiwillige zu den Fahnen. Innerhalb von drei Tagen melden sich 4500 Männer in der Militärabteilung an der Klapperfeldstraße. Viele Oberprimaner sind darunter und ein Drittel der Lehrerschaft. Am 7. August zieht das Infanterie-Regiment 81 als erste Kampftruppe in den Krieg.

An der Heimatfront machen manche unterdessen in übertriebener Weise mobil. Anfang August schießt im Westen der Stadt ein Infanteriezug nachts ziellos in die Luft, weil jemand französische Bombenflugzeuge gehört haben will. (Der erste derartige Angriff findet am 16. März 1917 statt, zehn weitere folgen und kosten 21 Menschen das Leben.) Passanten verfolgen einen vermeintlichen Russen, weil sie von ihm den Ruf „Nieder mit Deutschland!“ gehört haben wollten. Der Verfolgte flüchtet sich in das Phantasietheater. Als der mutige Türhüter den Mann nicht ausliefern will und stattdessen den Eingang verschließt, zertrümmert die Menge die Eingangshalle.

Aufs Ganze gesehen, scheint die Frankfurter Bevölkerung die Angehörigen der nunmehr verfeindeten Staaten aber sehr anständig behandelt zu haben. Auch als die ersten französischen Kriegsgefangenen in die Stadt geführt werden, kommt es nicht zu Beschimpfungen.

In der Handelsstadt Frankfurt wird das Militär zur beherrschenden Macht. Das Generalkommando bezieht ein Haus an der Taunusanlage. Über die Bahnhöfe werden zahlreiche Truppentransporte abgewickelt. Dort richtet der Vaterländische Frauenverein so genannte Erfrischungsstationen ein, an denen Soldaten mit einem kleinen Imbiss versorgt werden.

Doch die Kriegsbegeisterung verflüchtigt sich bald. In den „Illustrierten Nachrichten" nehmen die Bildnisse von gefallenen Soldaten bald eine ganze Seite ein. Am Ende werden 10 753 Frankfurter gefallen sein. Der Kriegsalltag bringt für einen großen Teil der Bevölkerung Entbehrungen mit sich. Die Lebensmittelversorgung verschlechtert sich, Bayern sperrt die Ausfuhr von Fleisch, Kartoffeln und Butter. Viele Fabriken müssen nach der Mobilmachung schließen. Andere stellen ihre Produktion auf Kriegsgüter um. 1918 zählt man 640 Rüstungsfirmen mit 71 000 Arbeitern.

Am 7. November 1918 treffen 250 bewaffnete Matrosen aus Kiel ein, die die Revolution nach Frankfurt bringen. Der Krieg ist aus, das Kaiserreich vergangen.

Matthias Alexander

Die anarchischen Tage im November 1918

Die Verwaltung ist am Ende stärker als die Revolution
Aufstand der Matrosen
Arbeiter- und Soldatenrat als höchste Vertretung der Stadt

Die so genannte Revolution von 1918 hat in Frankfurt wie im Rest des Deutschen Reiches keine tiefen Spuren hinterlassen. Zwar „rollen die Kronen auf das Pflaster", wie der linkssozialdemokratische Reichstagsabgeordnete Hugo Haase sagt, aber zum radikalen Bruch mit dem wilhelminischen System kommt es nicht. Schritt für Schritt können sich die bürgerlichen Kräfte nach den Tagen der Anarchie ihre Machtstellungen zurückerobern. Entsprechend dürftig sind die Ereignisse selbst dokumentiert: Nur ein einziges Foto hat sich aus jenen wirren Tagen, als auch in Frankfurt die Macht auf der Straße lag und von jedermann ergriffen werden konnte, erhalten – als hätten die Fotografen ihren Augen nicht getraut.

Die Unzufriedenheit der Menschen hat sich in den letzten Kriegsmonaten gesteigert. Zu Tausenden besuchen sie Ende Oktober 1918 eine Versammlung im Schumann-Theater, auf der Hugo Haase spricht. Nur mit Mühe können Truppenkontingente jetzt noch zur Abfahrt an die Front bewegt werden. Die Oberste Heeresleitung weiß zu diesem Zeitpunkt bereits, dass der Krieg verloren ist, und bemüht sich darum, die Verantwortung für die Niederlage auf die neu zu bildende parlamentarische Regierung abzuwälzen. Die Marineleitung denkt anders und will in einer großen Seeschlacht gegen die überlegenen Engländer den „ehrenvollen" Untergang suchen. Die Matrosen verweigern diesem selbstmörderischen Unterfangen die Gefolgschaft und proben den Aufstand. Um der Bestrafung als Hochverräter zu entgehen, suchen sie ihr Heil in der Offensive und tragen die Revolution ins ganze Land.

Am 7. November kommt eine Abordnung von 250 bewaffneten Matrosen und Werftarbeitern mit dem Zug nach Frankfurt. Sie wird am Bahnsteig erwartet, von einer Menschenmenge und von etwa 40 Soldaten, die die Revolutionäre verhaften sollen. Doch in dem allgemeinen Durcheinander können die meisten Matrosen entkommen. In Kasernen und Betrieben werden jetzt Arbeiter- und Soldatenräte gewählt. Spontane Demonstrationszüge ziehen ziellos durch die Straßen.

Zwischen den beiden Richtungen der Sozialdemokratie, den Unabhängigen und der Mehrheits-SPD, kommt es bald zum Machtkampf um die Führung des Arbeiter- und Soldatenrats. Die Unabhängigen, die sich vor allem auf Arbeiter stützen können, müssen schließlich die Macht paritätisch mit den Mehrheitssozialdemokraten teilen, die vor allem Soldaten zu ihren Anhängern zählen. Zum Führer des Vollzugsausschusses, der den Räten vorsteht, schwingt sich ein Student und Vizewachtmeister der Reserve auf, ein gewisser Moser, der zufällig nach Frankfurt gekommen ist.

Am 12. November erkennt die Stadtverordnetenversammlung einstimmig den Arbeiter- und Soldatenrat als höchste Vertretung der Stadt an. Doch sichern die etablierten Kräfte im Gegenzug damit ihre Existenz. Oberbürgermeister Voigt wird von Moser in seinem Amt bestätigt. Im Alltagsgeschäft, das die Verwaltung einer Stadt zum größten Teil ausmacht, entwickelt sich bald eine gedeihliche Zusammenarbeit zwischen städtischen und revolutionären Organen. Die Sachkompetenz des Apparats, die allein die Versorgung der Bevölkerung sicherstellen kann, setzt sich nach und nach durch.

Da Frankfurt jedoch in der neutralen Zone liegt, die als Puffer der französischen Besatzungszone vorgelagert ist, können zur Wahrung der öffentlichen Ordnung keine regulären Truppen eingesetzt werden. Konkurrierende Polizeieinheiten werden zum Teil von Schiebern geführt, es kommt zu Willkürakten, die die Bevölkerung erbittern. Erst als der französische Oberbefehlshaber dem Einsatz von deutschen Truppen zustimmt, kann die Ordnung Ende September 1919 schließlich wieder hergestellt werden. Der Arbeiterrat zerbricht wenig später, die Hilfspolizei wird entwaffnet. Am Ende des Jahres sind die letzten Spuren der Revolutionsräte beseitigt. Frankfurt, die Hauptstadt der Revolution von 1848, ist im Ganzen jedoch nur ein Nebenschauplatz der Ereignisse von 1918 gewesen.

Matthias Alexander

Apotheker beendet Blutbad vor der Hauptwache

Provokationen und ein schwerer Zwischenfall
Im April 1920 wird Frankfurt sechs Wochen lang von französischen Truppen besetzt

Für Frankfurt ist 1920 ein blutiges Jahr, in dem die prekäre Lage, in der sich die junge Weimarer Republik sowohl innen- wie auch außenpolitisch befindet, von zwei kurz aufeinander folgenden Ereignissen schlaglichtartig erhellt wird. Zunächst hält Mitte März der Kapp-Putsch, bei dem rechtsradikale Truppenteile die Reichsregierung in Berlin zu stürzen suchen, auch Frankfurt in Atem. Der Aufstand bricht schon nach wenigen Tagen zusammen, doch kosten die anschließenden Unruhen in Frankfurt 14 Menschen das Leben.

Nur wenige Wochen später, am 6. April, rücken dann französische Truppen in die Stadt ein – wie auch in Darmstadt, Hanau, Dieburg und Bad Homburg. Am frühen Morgen besetzt eine Vorhut zunächst den Hauptbahnhof, größere Truppenkontingente der 37. Infanteriedivision mit Panzern an der Spitze folgen über die Mainzer und die Darmstädter Landstraße. Kavallerie rückt vom Taunus an, auf dem Main patrouillieren Kanonenbote der „Flotille du Rhin".

In der vollkommen überraschten Stadt, die als Puffer der französischen Besatzungszone vorgelagert ist, regt sich kein Widerstand, die Sicherheitspolizei wird entwaffnet. Die „Obere Leitung der Alliierten Besatzungstruppen im Rheingebiet" begründet den Einmarsch mit der „Offensive der Reichswehr gegen die Arbeiterschaft des Ruhrgebiets". Wenige Tage zuvor war die deutsche Armee in das gemäß den Bestimmungen des Versailler Vertrags neutralisierte Ruhrgebiet eingezogen, um die dort operierende „Rote-Ruhr-Armee" und kommunistische Aufständische zu entwaffnen. Frankfurt muss als Faustpfand der Franzosen herhalten, die die Reichsregierung zum Rückzug aus dem Ruhrgebiet zwingen wollen.

In der Stadt gilt jetzt der Belagerungszustand. Alle öffentlichen Gebäude sind besetzt. Eine Ausgangssperre besteht nach 21 Uhr. Die Bürger dürfen sich nicht zu Gruppen mit mehr als fünf Personen versammeln. Die Zeitungen erscheinen für einige Tage nicht.

Vor der Hauptwache postieren sich 30 französische Schützen mit einem Maschinengewehr und geben so dem alten Barockgebäude, das schon lange nur als friedliches Café dient, noch einmal seine alte Bestimmung wieder. Auch Soldaten aus den afrikanischen Kolonien Frankreichs, vor allem aus Algerien und Marokko, sind dabei. Bei der deutschen Bevölkerung stoßen sie als „Exoten" auf große Neugierde, in dichten Reihen bestaunen die Menschen die dunkelhäutigen Soldaten.

Die Hauptwache

Doch andere Frankfurter empfinden die Besetzung als Demütigung und die Beteiligung Farbiger als gezielte Provokation. Es kommt zu einer Reihe von Zwischenfällen: Ein französischer Offizier wird bei einer Rempelei an der Hauptwache eine Treppe hinabgestoßen. Die Franzosen zeigen ihre Überlegenheit ostentativ mit Paraden und Wachablösungen, die Bevölkerung sucht die Machtdemonstrationen mit Zwischenrufen zu stören, wofür Bußgelder und Gefängnisstrafen verhängt werden. Schon am zweiten Tag der Besetzung kommt es an der Hauptwache zu einem schweren

Zwischenfall. Die dort postierten Soldaten fühlen sich von der Volksmenge bedrängt, ein Unterleutnant verliert die Nerven und befiehlt seinen Soldaten, das Feuer zu eröffnen. Zehn Menschen, darunter ein elf Jahre alter Junge, sterben auf der Stelle oder später im Krankenhaus. 22 Personen werden verletzt. Die Stadtchronik berichtet von einem mutigen Apotheker namens Karl Kunze, der den französischen Soldaten mit lauten Rufen entgegentritt und sie in ihrer Muttersprache zur Einstellung des Feuers auffordert. Nach diesem Blutbad entspannt sich die Lage etwas.

Die Franzosen ziehen erst ab, als sie von den übrigen Alliierten unter Druck gesetzt werden. Am 17. Mai ist es schließlich so weit. Die Stadt Frankfurt muss jedoch eine Bürgschaft in Höhe von einer Million Mark stellen. Oberbürgermeister Georg Voigt, der Polizeipräsident, der Regierungspräsident, der Stadtverordnetenvorsteher sowie zwei Stadtverordnete begeben sich als Geiseln in die Hand der Franzosen, um deren sicheren Abzug zu gewährleisten. Frankfurt selbst, das von jeher weniger dem Kriegshandwerk als friedlichem Handel und Wandel angehangen hat, ist nicht mehr Geisel der großen Politik.

Matthias Alexander

Reichspräsident Ebert beruft sich auf das Frankfurter Parlament

Republik in Schwarz-Rot-Gold

Es ist wie vor 75 Jahren – fast. Frankfurt hat sich wieder geschmückt. Die Glocken läuten, als die Festversammlung sich aus dem Kaisersaal des Römers in festlichem Zug zur Paulskirche begibt. In der Kirche hängt vor der Kanzel inmitten schwarz-rot-goldener Fahnen der doppelköpfige Reichsadler, ohne Krone. Auf der Empore thront Germania. Daneben die Inschrift: „Des Vaterlandes Größe, des Vaterlandes Glück, 0 schafft sie, 0 bringt sie dem Volke zurück."

18. Mai 1923: Frankfurt gedachte des Tages, an dem 75 Jahre zuvor die Abgeordneten der deutschen Nationalversammlung in der Paulskirche zusammengekommen waren, um für Deutschland eine einheitliche Verfassung mit demokratischen Strukturen zu entwerfen. Nun besaß das deutsche Volk jene Souveränität, um die in der Paulskirche 1848/49 erfolglos gerungen worden war; kein Fürst konnte

Innenansicht der Paulskirche, 1892

sie ihm mehr streitig machen. „Die Staatsgewalt geht vom Volke aus“, war in der Verfassung festgelegt. Deutschland war Republik mit einem parlamentarischen Regierungssystem. Die Forderungen des linken Flügels in der Paulskirche waren Wirklichkeit, die Farben der 48er, Schwarz-Rot-Gold, Staatssymbol der Weimarer Republik geworden. Und welche Bedeutung der junge Staat der Paulskirche beimaß, zeigte sich vor allem an der Teilnahme des Reichspräsidenten Friedrich Ebert an den Jubiläumsfeierlichkeiten.

Doch von der Begeisterung, der Aufbruchstimmung des Jahres 1848 war nichts mehr zu spüren. Der Versailler Friedensvertrag mit seinen Wiedergutmachungsforderungen lastete schwer auf Deutschland. Französische und belgische Truppen hatten das Ruhrgebiet besetzt, um die Reparationsleistungen durchzusetzen. Bevölkerung und Regierung reagierten mit passivem Widerstand.

In der Paulskirche nimmt der Reichspräsident das Wort. „Die Zeit, die wir erleben, ist nicht berufen, Feste zu feiern.“ Aber gerade jetzt müsse an das Bemühen der Nationalversammlung von 1848 erinnert werden, einen Staat „des einigen und freien Deutschland“ zu errichten, wie Sozialdemokrat Ebert formuliert. Der Paulskirche fehlten die Machtmittel, diesen Staat gegen monarchischen Egoismus und den Druck der deutschen Großmächte durchzusetzen. Jedoch ist für den Präsidenten der jungen Republik die Paulskirche ein „Denkstein“ geworden, „der weit in die weitere Entwicklung des staatlichen Lebens der Nation hineinragt“.

Doch die Republik hatte Feinde. Antidemokratische Kräfte von rechts- und linksaußen versuchten den Staat zu zerstören. Der Kapp-Putsch im März 1920 hatte schon gezeigt, welche Gefahr von rechts drohte. So spiegelte denn auch das Presse-Echo zum Paulskirchen-Jubiläum die politische Realität der Weimarer Republik wider.

Über die „Linksdemokratie“, die sich zur Schleppenträgerin der staatsverderberischen internationalen Sozialdemokratie mache, zogen die „Frankfurter Nachrichten“ her. Und vor dieser Demokratie, entstanden aus dem „November-Verbrechen“, warnte die Rechtspostille. Die Berliner „Rote

Fahne“ nannte die Veranstaltung in Frankfurt eine „Hanswurstiade“ und höhnte über den Versuch der „Ebert-Politik“, sich eine historische Tradition zu schaffen. Die ganze „republikanische Herrlichkeit“ sei nur dem Ansturm der Arbeiter und Soldaten zu verdanken. Und in München ließ sich ein Blatt mit dem Titel „Völkischer Beobachter“ vernehmen: „Wenn es wenigstens den einen geschichtlichen Wert besessen hätte zu lehren, dass die Demokratie am ungeeignetsten ist, ein neues Staatswesen heraufzuführen, so hätte der Fehlschlag von 1848/49 wenigstens eine Bedeutung gehabt“, zog das Organ einer Partei, die sich NSDAP nannte, vom Leder. – Zehn Jahre später begann der Führer dieser Partei mit seinem zerstörerischen Werk.

Günter Mick

Die Paulskirche

Reichspräsident Hindenburg besucht im November 1925 Frankfurt

„Figaro" für den Ersatzkaiser

Am 13. November 1925 besucht der Ersatzkaiser die Stadt. Für Reichspräsident Paul von Hindenburg, den Generalfeldmarschall, der sich trotz der verheerenden Niederlage des Deutschen Reichs im Ersten Weltkrieg den Nimbus des Siegers und Helden bewahrt hat, schmücken die Frankfurter ihre Straßen, wie sie es für keinen anderen Repräsentanten der Republik tun würden. Immerhin – es sind die Farben des neuen, vielen Bürgern immer noch fremden Staates, die überall zu sehen sind. Am Eingang der Kaiserstraße ist

Reichspräsident Hindenburg

eine Art Ehrenpforte errichtet. Von zehn Uhr morgens an bilden Vereine und Schulklassen an den Bürgersteigen Spalier. Die nationalliberalen „Frankfurter Nachrichten“, deren Berichterstatter ganz hingerissen ist von der Erscheinung des 78 Jahre alten Reichspräsidenten, schwärmen vom herzlichen Empfang in der Stadt – „mit begeistertem Zuruf und entblößtem Haupt“ sei das Publikum dem Staatsoberhaupt begegnet, heißt es in dem Blatt tags darauf.

Mit dem Auto wird Hindenburg vom Hauptbahnhof zum Römer gefahren. Neben ihm sitzt Oberbürgermeister Ludwig Landmann. Auf dem Römerberg hat sich an diesem grauen Novembertag, der den ersten Schnee gebracht hat, eine riesige, bunte Menschenmenge versammelt. Weil es vor allem Schulkinder sind, geht es laut zu. Doch als Hindenburg auf den Balkon des Römer tritt, gefolgt von den Honoratioren der Stadt, wird es still auf dem Platz. Der Präsident redet so, wie es Generäle gern tun: kurz. Er spricht von Liebe und Treue zum Vaterland. Es müsse durch Eintracht und Einigkeit des ganzen Volkes wieder zu Ansehen kommen. Die Menge antwortet mit dem Deutschlandlied, dann entschwindet der hohe Gast im Römer. Der Berichterstatter der „Frankfurter Nachrichten“ ist sich sicher: Keine andere Stadt habe Hindenburg jemals ein „überwältigenderes Bild“ geboten als Frankfurts Bevölkerung am Römer.

In seiner Tischrede im Kaisersaal bezeichnet Hindenburg Frankfurt als geistige und politische „Brücke“ zwischen Süd- und Norddeutschland. Er mahnt das politisch zerrissene und teilweise besetzte Land erneut zur Einheit und erinnert nicht nur an die Wahl und Krönung der Kaiser in Frankfurt, sondern auch an die Nationalversammlung der Paulskirche, die für Deutschlands Einigung stehe. Dem, der das sagt, ist in ähnlicher Weise auch eine Mittlerfunktion zugedacht: Hindenburg soll den Abgrund überbrücken helfen, der die politischen Lager der jungen Republik trennt.

Deshalb haben ihn, der von den Rechtsparteien DNVP und DVP nominiert worden war, bei der Wahl am 26. April 1925 auch viele Anhänger der Linksparteien gewählt. Die verfassungsrechtliche Korrektheit des Soldaten-Präsidenten,

Auf dem Römer-Balkon

der sein republikanisches Amt als Dienst am Vaterland begreift, bewährt sich auch anderswo. In der Reichspräsidentenwahl von 1932 sollte Hindenburg deshalb geradezu als Kandidat der Linken gegen Adolf Hitler wieder gewählt werden, um schließlich dann doch dem „böhmischen Gefreiten“ das Reichskanzleramt auszuliefern.

Vom Römer geht es zur Universität, in deren nur von Kerzen erleuchteten Adickes-Halle Hindenburg Gedenktafeln für die Gefallenen des Weltkrieges enthüllt. Burschenschaftler in vollem Wichs säumen die Gänge. Anschließend fährt Hindenburg weiter ins Stadion, wo ihm und rund 20 000 weiteren Zuschauern eine Hundertschaft Leichtathleten im Schnee gymnastische Übungen vorführt. Zum Schluss bringt ein Stadtrat ein dreifaches „Hipp, hipp, hurra!“ auf den Präsidenten aus.

Dessen nächste Station ist das Opernhaus. Dort hört er sich die ersten beiden Akte von „Figaros Hochzeit“ an, um dann vom Balkon aus eine weitere Kundgebung seiner Anhänger abzunehmen. Diesmal haben sich Mitglieder des republiktreuen paramilitärischen Reichsbanners Schwarz-Rot-Gold mit Fackeln aufgestellt. Diese Aufführung dürfte dem schlichten General, dem der Historiker Gerhard Ritter ein „massives Nervensystem und eine gewisse geistige Schwerfälligkeit“ zuschrieb, besser gefallen haben als die komplizierte und doch leichthändig geführte Opernhandlung. Um 22.27 Uhr fährt dann Hindenburgs Zug vom Hauptbahnhof ab, das wiederum zahlreich erschienene Publikum stimmt dazu das Deutschlandlied an. Für einen Tag haben die Bürger der Stadt den Präsidenten der Republik gefeiert, mit unterschiedlichen Motiven: Die einen spenden ihm Beifall als Repräsentanten einer „besseren“ Vergangenheit, die anderen als Hoffnungsfigur für die Versöhnung von Kaiserreich und Republik.

Matthias Alexander

Kunstdünger aus Tierhäuten und Schwefelsäure

In der Chemischen Fabrik Griesheim hat man sich früh auf Zwischenprodukte spezialisiert
„Erster Einsatz von Kohlenstoff-Elektroden"

Erst nach dem Zweiten Weltkrieg wurde die Chemische Fabrik Griesheim ein Werk der Hoechst AG. Bis dahin war die traditionsreiche Fabrik am Griesheimer Mainufer eines der führenden Unternehmen der deutschen Elektrochemie. Begonnen hatte die industrielle Entwicklung des bis dahin landwirtschaftlich geprägten Ortes im Jahr 1829 mit der Niederlassung einer ersten Wachstuchfabrik, die sogar noch bis 1975 existierte. 1856 gründete der Liebig-Schüler Ludwig Baist die „Frankfurter Aktien-Gesellschaft für landwirtschaftlich-chemische Fabrikate". Wie der Name zeigt, hatten die Geschäftsleitung und die Firmenverwaltung zwar in Frankfurt ihren Sitz, für die nicht ungefährliche und vor allem geruchsintensive Produktion allerdings war in Griesheim eine Genehmigung erteilt worden.
Aus tierischen Abfällen, die man in Schwefelsäure kochte, gewann man Kunstdünger, für den es in der zunehmend

Chemie-Fabrik-Griesheim

intensiv arbeitenden Landwirtschaft eine wachsende Nachfrage gab. Und weil die Säuren auf dem ebenfalls schnell expandierenden Chemie-Markt in Deutschland immer teurer wurden, produzierten die Griesheimer diese Chemikalien in einer „Schwefelsäure und Salpetersäurefabrik bei Frankfurt am Main“ ebenfalls selbst.

Damit begann in dem Werk die Herstellung von Zwischenprodukten, deren Angebot die Produktion anderer chemischer Stoffe der Farbenindustrie überhaupt erst möglich machte. Bis in die Gegenwart ist die Herstellung dieser Zwischenprodukte die Spezialität des Griesheimer Werks geblieben. Seit 1863 – dem Gründungsjahr der Farbwerke in Höchst – nannte sich das Unternehmen „Chemische Fabrik Griesheim“, damals arbeiteten 150 Menschen in den Säurehallen und Laboren.

In jenen Jahren war es durchaus noch nicht selbstverständlich, dass, wie es unter dem Direktor Ignaz Stroof geschah, ein eigener Werksarzt die Mitarbeiter betreute und für die Belegschaft eine eigene Unfallversicherung abgeschlossen wurde. Unter Stroofs Regie entwickelten die Ingenieure des Griesheimer Werks die ersten Kohlenstoff-Elektroden, die die industrielle Chlor-Alkali-Elektrolyse möglich machten. In Zusammenarbeit mit Adolf Messer konnte nach fünfjährigem Forschen und Experimentieren 1903 der erste Wasserstoff-Sauerstoff-Schweißbrenner entwickelt werden. 1925 gehörte die Chemische Fabrik Griesheim zu den Gründern des damals weltgrößten Chemiekonzerns, der IG Farbenindustrie AG.

Einige Fabrikgebäude von damals gibt es noch heute. So beispielsweise das große Laborgebäude mit seiner mainseitigen repräsentativen Fassade; es ist 1898 nach Entwürfen des Architekten Philipp Belschner errichtet worden. Aus dem gleichen Jahr stammen auch die Arbeiterreihenhäuser an der Elektronstraße 26 bis 40, die heute unter Denkmalschutz stehen.

Ernst Wegener

Genormte Häuser für den „neuen Mittelstand"

Die Siedlungen des Stadtplaners Ernst May und die praktische „Frankfurter Küche"

Es waren zwei Männer und eine Frau, die das „Neue Frankfurt" schufen. Ludwig Landmann, Oberbürgermeister von 1924 bis 1933: Der vormalige Wirtschaftsdezernent versprach der wachsenden Stadt eine moderne Siedlungspolitik. Ernst May, Architekt und Stadtplaner: Er baute, auf der Grundlage dezidierter gesellschaftspolitischer Vorstellungen, Siedlungen wie Römerstadt, Praunheim, Höhenblick, Westhausen, Goldstein, Bruchfeldstraße. Und Margarete Schütte-Lihotzky, Architektin im Hochbauamt:

Maysiedlung

Sie entwickelte die funktional ungewöhnliche „Frankfurter Küche", das i-Tüpfelchen des neuen Bauens, ähnlich Aufsehen erregend weit über Frankfurt hinaus wie Mays – von den Gegnern als gleichförmig verschriene – Entwurfs- und Bauweise.

May habe als Leiter des städtischen Hochbauamts die Stadtplanung des 20. Jahrhunderts wesentlich beeinflusst, bescheinigte ihm vor nicht allzu langer Zeit noch einer seiner Nachfahren, der Frankfurter Architekt und Stadtplaner Albert Speer. Der äußere Anlass zu dieser groß dimensionierten Siedlungspolitik war in den zwanziger Jahren offensichtlich: Viele Quartiere in der Altstadt waren nicht länger zumutbar, weil heruntergekommen. Die Lage auf dem Wohnungsmarkt war angespannt, für Landmann bedeutete kommunaler Siedlungsbau großen Stils ein zwingendes Gebot. Gestaltungsmöglichkeiten sicherte er sich mit der Eingemeindung von Vororten. 1928 war Frankfurt hinter Berlin und Köln die deutsche Stadt mit der größten Gemarkungsfläche.

Landmanns Stadtplaner steuerte den sozialreformerischen Ansatz bei: in freundlichen Trabantenstädten mit angenehmen Grünflächen helle, praktische Wohnungen für Facharbeiter, Angestellte und Beamte, den „neuen Mittelstand", zu schaffen. Für die schnelle Realisierung setzte er auf rationelles Bauen, einheitliche Gestaltung. Mays Siedlungen vermittelten ein Bild provozierender Nüchternheit – der Architekt war vom Bauhaus geprägt, ein Zeitgenosse Mies van der Rohes und Walter Gropius'. Immerhin ergänzte er in den Siedlungen Römerstadt und Praunheim die architektonische Gradlinigkeit durch ein Konzept abgestufter Farbigkeit.

Im Inneren der Flachdachhäuser ging es nicht minder kollektiv zu. Die Grundrisse waren genormt, ebenso Tür- und Fenstergriffe, die Entwürfen des Designers Ferdinand Kramer folgten, der sich nach dem Zweiten Weltkrieg in Frankfurt dann einen Namen als „Universitätsarchitekt" machte. Auch für Lampen oder Öfen entwarf Kramer am Bauhaus orientierte Modelle einer Massenkultur.

Die „Frankfurter Küche" aber war die Meisterleistung der neuen Einrichtungsästhetik und wunderbar praktisch dazu, jedenfalls nach damaligem Maßstab. May hatte die Wiener Architektin Schütte-Lihotzky – sie starb kürzlich, 102 Jahre alt, in ihrer Geburtsstadt – nach Frankfurt geholt. Auf kleiner

Grundfläche alles an Einbauteilen unterzubringen, was die Arbeit erleichterte und den Zeitaufwand reduzierte: Das gelang Mays sozial engagierter Mitarbeiterin ganz im Sinne des typisierten „Neuen Bauens". 1930 ging die Küchendesignerin mit May in die Sowjetunion.

Rechtzeitig hatte Oberbürgermeister Landmann für seine üppige Siedlungspolitik, die in wenigen Jahren zu 12 000 Wohnungen führte, nicht allein Flächenvorsorge betrieben, sondern auch als ausführende Unternehmen die Aktiengesellschaft für kleine Wohnungen, die Mietheim AG und die Hellerhof-Aktiengesellschaft in städtisches Eigentum gebracht. Was an Geländebesitz fehlte, wurde durch Enteignungen arrondiert, wobei sich niedrige Grundstückskosten ergaben, die günstige Mieten bewirkten. Die Wirtschaftskrise Ende der zwanziger Jahre würgte dann auch den kommunalpolitischen Elan der Ära Landmann ab.

Speer urteilte noch viele Jahrzehnte später, Frankfurt sei damals zu einem Beispiel geworden – für Rationalität im ökonomischen Umgang mit Ressourcen und für „gestaltete Schönheit". Dass Mays Siedlungen heute noch den Vergleich mit wesentlich jüngeren Neubauvierteln am Stadtrand nicht scheuen müssen, ist allgemeine Ansicht. Insbesondere die Siedlung Römerstadt ist Mays Denkmal. *Jörg Kauffmann*

Römerstadt

Die Legende, Hitler habe die Autobahn erfunden, besteht bis heute

Die Pläne lagen schon bereit

Die Gaupropagandaleitung hat den Tag bis ins Detail vorbereitet. In Sonderzügen werden mehr als 100 000 Menschen aus ganz Hessen in das fahnengeschmückte Frankfurt gebracht. Kinder winken mit bunten Wimpeln, an den Straßenbahnen flattern Fähnchen. Alle Sender in Deutschland strahlen die Rundfunkübertragung vom Gauparteitag Hessen-Nassau der NSDAP aus, der hier an diesem 23. September 1933 unter dem Motto „Arbeit und Frieden" stattfindet.

Autobahnbau zu Hitlers Zeiten

Der Parteitag bildet den äußeren Rahmen für ein Ereignis, das legendenbildend bis weit über das Dritte Reich hinauswirkt: den ersten Spatenstich des „Führers" Adolf Hitler beim Bau der Autobahn zwischen Frankfurt und Darmstadt, der der erste Abschnitt der durchgehenden „Nur-Auto-Straße" von der Ostsee bis zur Schweizer Grenze werden soll. Denn bis in die Gegenwart hält sich die verklärende Behauptung, Hitler habe die Autobahn nicht nur gebaut, sondern auch

„erfunden“ und mit ihrem Bau die Arbeitslosigkeit überwunden. Hitler selbst hat zu dieser Inszenierung eines Mythos immer wieder beigetragen.

Der 23. September bildet gleichsam das Fundament für die Legendenbildung. Um 7 Uhr morgens versammeln sich 700 neu eingestellte Arbeiter im Hof des Arbeitsamtes an der Großen Friedberger Straße und marschieren dann hinter einem Spielmannszug der SA über die Zeil zum Börneplatz. Hier übergibt ihnen Gauleiter Sprenger persönlich Schaufeln, die dort an langen Tischen und Ständern aufgestellt sind. Eine effektvolle Inszenierung: die bisher erwerbslosen Männer sollen symbolhaft erleben, von wem sie Arbeit erhalten. Hinter dem Gauleiter und einem „Ehrensturm“ der SA ziehen die „der Arbeitslosigkeit entrissenen 700 Volksgenossen“ quer durch die Stadt und erreichen um 10 Uhr die Baustelle in Niederrad. Genau um 10.08 Uhr landen hier zwei Flugzeuge. Der ersten Maschine entsteigt Reichspropagandaminister Goebbels, der zweiten „unter einem ungeheuren Sturm der Begeisterung“ Adolf Hitler. Sein demonstrativer erster Spatenstich dokumentiert die vermeintlich herausragende Rolle Hitlers beim „Unternehmen Reichsautobahn“.

Verschwiegen wird an diesem Tag allerdings, dass es längst ausführliche und technisch ausgereifte Pläne für den Autobahnbau aus der Weimarer Zeit gibt, für dessen Förderung sich gleich mehrere Vereine und Gesellschaften einsetzten. Zur bedeutendsten Organisation wurde der 1926 in der „Geschlechterstube“ des Frankfurter Rathauses gegründete „Verein zur Vorbereitung der Autostraße Hansestädte-Frankfurt-Basel“ (Hafraba), der seine Pläne bis zur Baureife vorangetrieben hatte. Was vorlag, vor allem die Planung für den Abschnitt Frankfurt-Darmstadt, musste nur noch aus der Schublade gezogen und verwirklicht werden.

Der propagandistische Effekt überwiegt auch in der Frage der Arbeitsbeschaffung. Ursprünglich sollten etwa 600 000 Menschen und damit etwa zehn Prozent der Erwerbslosen beschäftigt werden. Tatsächlich wird erst Anfang 1935 die Zahl von 100 000 Arbeitskräften überschritten. Und auch auf dem Höhepunkt der Bauarbeiten im Jahr 1936 beschäftigt der Autobahnbau, Nebentätigkeiten und Zulieferbetriebe mit eingerechnet, nicht mehr als 250 000 Personen. Und selbst für die „deutsche Wehrkraft“ spielt die Autobahn keine wesentliche Rolle. Mit Beginn des Krieges wird der Autobahnbau zunächst reduziert, mit der Zuspitzung des Krieges gegen die Sowjetunion schließlich ganz eingestellt. Die Bauwirtschaft hat nun kriegswichtigere Aufgaben zu erfüllen. Aber vom Krieg ist an diesem Septembertag noch nicht die Rede. Denn der Parteitag steht schließlich unter dem Motto „Arbeit und Frieden“.

Ulrike Moser

Von 1932 bis 1939 großes Theater auf dem Römerberg

Über Götz der Graf Zeppelin

Kaiser Maximilian betritt die Szene – und oben am Himmel fliegt ein Luftschiff vorbei. So etwas ist wirklich geschehen, und zwar im Juni 1932 bei der Premiere der Römerberg-Festspiele. Die Zuschauer wussten im ersten Moment nicht so recht, wohin sie schauen sollten: hoch zum Maximilian-Darsteller Alexander Engels auf dem Balkon des Römers oder noch höher auf den Himmel über Frankfurt, der gerade von der „Graf Zeppelin" durchpflügt wurde. Sie entschieden sich für den Zeppelin, den sie mit frenetischem Beifall begrüßten. Nachdem das Luftschiff vorbeigezogen war, wandten sie sich wieder der Aufführung des „Götz von Berlichingen" zu. „Er aber, sag's ihm, er kann mich im Arsch lecken", wies Berlichingen-Darsteller Gerhard Ritter dröhnend die Forderung nach einer Kapitulation zurück.

Mit Wehmut erinnern sich alte Frankfurter an jenes kurze Jahrzehnt, da in den Sommermonaten auf dem Römerberg

Der Römer

großes Theater gespielt wurde. Erfunden haben das Festival der damalige Kulturdezernent Max F. Michel und der Intendant der Städtischen Bühnen, Alwin Kronacher; die Theateraufführungen waren Teil der Jubiläumsveranstaltungen zum 100. Todestag Goethes. Michels und Kronachers Namen wurden jedoch unterschlagen, nachdem 1933 die Nationalsozialisten auch am Main die Macht übernommen und die beiden ins Exil getrieben hatten. Oberbürgermeister Friedrich Krebs, von der Hitler-Partei im Frühjahr 1933 ins Amt eingesetzt, reklamierte die Römerberg-Festspiele für die nationalsozialistische Bewegung. Mit den Aufführungen von Klassikern solle das Volk wieder zu den „Quellen echt völkischen Gefühls" zurückgeführt werden, ließ der braune Krebs verlauten.

Tatsächlich blieben die Römerberg-Festspiele nicht wegen, sondern trotz der Nazis ein kulturelles Großereignis in Deutschland. Wie schon bei der Premiere 1932, als Goethes „Urgötz" und der „Egmont" gespielt wurden, standen auch in den folgenden sieben Jahren vorwiegend Werke klassischer Autoren wie Goethe, Schiller und Shakespeare auf dem Programm. Und diese Stücke konnten auch durch Ideologen kaum kaputtgemacht werden.

Die Zuschauer schätzten jedenfalls die Aufführungen vor dem Frankfurter Rathaus. Schon im ersten Jahr wurden während der drei Spielmonate bis Ende August etwa 70 000 Besucher gezählt, was den Theaterkritiker der „Frankfurter Zeitung" zu der Bemerkung veranlasste: „Nichts hindert uns zu glauben, es ließe sich aus dem Frankfurter Römerberg ein Bayreuth Goethes, ein Salzburg Goethes machen." Auch in den folgenden Jahren zogen die Festspiele ein großes Publikum aus ganz Deutschland und auch aus dem Ausland an. Nur die Oberbonzen aus der Nazi-Partei mieden das Festival, obwohl Oberbürgermeister Krebs Jahr für Jahr die wichtigen Führer einlud. Das in der Nazi-Bewegung als „verjudet" verschriene Frankfurt flößte ihnen Misstrauen ein. Reichspropagandaminister Joseph Goebbels wies beharrlich Krebs' wiederholt gestellten Antrag zurück, die Römerberg-Festspiele in den Rang von „Reichsfestspielen" zu erheben.

Getragen wurden die Römerberg-Aufführungen vom Ensemble der Städtischen Bühnen. Deren Personal übernahm die Sprechrollen. Zum Einsatz kam darüber hinaus ein ganzes Bataillon von Statisten aus der Frankfurter Bevölkerung. Bei der Götz-Aufführung von 1932 agierten allein je 200 Nebendarsteller als Fußvolk der Reichsarmee und als rebellischer Bauernhaufen. Die Pferde stellte die Schutzpolizei zur Verfügung, die außerdem das ganze Areal um den Römer sperren ließ. Um die Leistung der Festivalgründer zu würdigen, muss man sich die damalige Situation in Frankfurt vergegenwärtigen. Es gab zehntausende Arbeitslose in der Stadt; die Mittel waren äußerst knapp, man musste mit jedem Pfennig knausern.

Die finanzielle Situation blieb auch nach der Okkupation des Festivals durch die Nazis noch angespannt. Oberbürgermeister Krebs versuchte vergebens, vom Wiesbadener Regierungspräsidenten und dann vom Berliner Wissenschaftsministerium einen Kredit zu bekommen. Der von Krebs eingesetzte Festivalleiter Hans Meissner musste weiterhin mit bescheidenen Mitteln auskommen. Das Ende der Römerberg-Festspiele kam 1939 mitten während des Festivals. In einer letzten Vorstellung wurde am 26. August Friedrich Hebbels Trauerspiel „Die Nibelungen" gegeben. Wegen des drohenden Krieges wurde tags darauf die 1500 Zuschauer fassende Tribüne abgebrochen. Die Römerberg-Festspiele waren tot – und konnten auch nach dem Krieg trotz mehrerer ehrgeiziger Anläufe nicht mehr zum Leben erweckt werden.

Hans Riebsamen

Pogromnacht des 10. November 1938: Nur im Westend blieb das jüdische Gotteshaus erhalten

Als „Vergeltung" zünden die Nazis die Synagogen an

Beim Rabbiner der Frankfurter Westendsynagoge, Georg Salzberger, klingelt am Morgen des 10. November 1938 in aller Frühe das Telefon. Ein Hilferuf – die Hauptsynagoge der Israelitischen Gemeinde am Börneplatz stehe in Flammen. Der Rabbiner eilt zu dem brennenden Gotteshaus. Menschen stehen herum und schauen zu. Wer etwas gegen die Brandstifter sagt, dem drohen SA-Leute in Zivil mit Verhaftung, wie Salzberger sich später erinnert.

An diesem Morgen gingen alle Frankfurter Synagogen in Flammen auf. Der Hausmeister der Westend-Synagoge an der Freiherr-vom-Stein-Straße, ein Katholik, wurde verprügelt, weil er die Schlüssel zu dem Gotteshaus nicht herausgeben wollte. Doch es half nichts, die Brandstifter fanden ihren Weg. In der Synagoge an der Friedberger Anlage legten Nationalsozialisten nach dem Pogrom noch viermal Feuer, da ihnen die in der „Kristallnacht" erreichte Zerstörung nicht genügte. Auch die Synagogen in Bockenheim,

Die brennende Synagoge am Börneplatz

Höchst, Rödelheim und Heddernheim wurden in der Nacht zum 10. November angezündet oder beschädigt. Die städtischen Feuerwehren fuhren zwar aus, doch sie hatten den Befehl, lediglich das Übergreifen der Flammen auf andere Gebäude zu verhindern.

Bis auf die Westendsynagoge, die ausgebrannt stehen blieb, wurden auf Anweisung der Stadt alle jüdischen Gotteshäuser abgerissen – wegen Einsturzgefahr, heißt es in der Protokollnotiz über ein Gespräch mit dem damaligen Oberbürgermeister Friedrich Krebs. Die Kosten der Abbrucharbeiten hatten die Gemeinden zu zahlen. Nur einzelne Betsäle durften weiter genutzt werden. Aus den Steinen der Hauptsynagoge am Börneplatz wurde eine Einfriedungsmauer für den Hauptfriedhof an der Eckenheimer Landstraße gebaut, die bis heute steht. Manche Steine dieser Mauer haben eine dunklere Farbe. Die Rußschicht stammt aus der Brandnacht.

Die Pogrome gaben das Signal zur radikalen Vernichtung jüdischen Lebens. Wenige Tage zuvor hatten die ersten Deportationen polnischer Juden aus dem Deutschen Reich begonnen. Deshalb hatte der 17 Jahre alte Hershel Grynszpan, dessen Familie verschleppt wurde, auf den Sekretär der deutschen Botschaft in Paris, Ernst vorn Rath, geschossen. Den Nazis war dieses Attentat der willkommene Anlass, einen „Ausbruch des Volkszorns" zu inszenieren, eine „Vergeltung" für den Anschlag des „internationalen Judentums". Zwei Tage nach den Schüssen, am 9. November, starb vom Rath; am Abend hielt Joseph Goebbels eine Rede vor Parteigenossen, die sich zum Gedenken an Hitlers missglückten Putsch im Jahr 1923 im Münchner Bürgerbräukeller versammelt hatten. Darin forderte er zu Aktionen gegen die Juden auf. Noch am gleichen Abend wurden Anweisungen in alle Teile des Reiches und ins annektierte Österreich übermittelt.

In der Nacht ermordeten Schlägertrupps fast 100 Menschen. Etwa 30 000 Juden, vor allem wohlhabende und einflussreiche, wurden anhand vorbereiteter Listen in Konzentrationslager verschleppt. Nach einer Zählung der SA zündeten ihre Kommandos 815 Geschäfte, 29 Warenhäuser, 171 Wohnungen und 267 Synagogen an – tatsächlich waren es wohl noch mehr.

In Frankfurt wüteten die Nationalsozialisten in besonderer Weise. Mit fünf Prozent war der Anteil der Juden an der Bevölkerung in keiner Stadt des Reiches so hoch wie hier. Nach Berlin lebte in Frankfurt die zweitgrößte jüdische Gemeinschaft in Deutschland mit fast 30 000 Mitgliedern. Wirtschaft, Kultur und Wissenschaft waren von den jüdischen Bürgern in hohem Maße geprägt. Die Stadt verdankte ihnen zu einem großen Teil Prosperität und Niveau. Den Nationalsozialisten war das ein Dorn im Auge. Ihnen galt Frankfurt als „Neu-Jerusalem am fränkischen Jordan". Auch die Demokratie, deren deutsche Geburtsstätte die Paulskirche darstellt, war für sie eine jüdische Erfindung.

Die Stadtverwaltung kaufte nach dem Abriss der Synagogen die Grundstücke für lächerlich geringe Summen. An der Friedberger Anlage wurde ein Luftschutzbunker errichtet, der bis heute steht. Auch die traditionsreiche jüdische Schule, das Philantropin, der mittelalterliche Friedhof an der Battonnstraße, das jüdische Krankenhaus an der Gagernstraße sowie einige unbebaute Grundstücke nahm die Kommune in Besitz. Die Grabsteine auf dem alten Friedhof wurden zerstört und zu Schotter für den Straßenbau verarbeitet.

Die Jüdische Gemeinde hat die Westend-Synagoge wieder errichtet. An der Stelle der ehemaligen Hauptsynagoge am Börneplatz steht seit 1990 das Gebäude der Stadtwerke. Lediglich ihre Grundmauern sind als Konturen im Boden noch zu erkennen.

Uta Rasche

Der Bombenangriff am Abend des 22. März 1944

Feuersturm in der Altstadt

„Nirgends gibt es so viele holprige, winklige, krumme Gassen, so viele enge, unregelmäßige Plätze, so viele schiefe, finstere Häuser, so viele Durchgänge und Zickzackwege, so viele Sphinxe, Zwerge, Riesen, Teufel und Engel aus Holz." So beschrieb 1858 der französische Reise-Journalist Edmond Texier die Frankfurter Altstadt. Er schildert das Leben in den drei, vier Marktgassen, beschreibt das „Labyrinth von Kartoffeln", die „Gebirge" von Kohlköpfen und allerlei Gemüse, das Stoßen und Drängen von Käufern und Händlern.

Nach dem Angriff

1927 war Ricarda Huch ganz überwältigt: „Wer auf dem Römerberge vor dem Rathause steht, im Hintergrunde prächtig herrschend den Bartholomäusdom aufragen sieht, den Weg überblickt, den die Kaiser unter Glockenläuten zur Krönung zogen, dem wird, wenn er die Geschichte seines Volkes auch nur in größeren Zügen kennt, Stolz und Andacht das Herz ergreifen." Und: „Gemessen an den Verhältnissen moderner Großstädte, ist der Römerberg und seine Umgebung klein, und auch wenn man von solchen Vergleichen absieht, wirkt er mehr anmutig als gewaltig. Das Anmutige, Maßvolle ist für Frankfurt charakteristisch, ein Patengeschenk vielleicht des schöngewundenen Flusses, an dem die Stadt erblühte."

In 50 Minuten war alles vorbei. Die gotische Frankfurter Altstadt, des einstigen Heiligen Römischen Reiches Deutscher Nation „gute Stube" mit all ihren Kulturgütern, versank nach den verheerenden Bombenangriffen besonders des 22. März 1944 in Schutt und Asche. Rund 1000 Menschen wurden getötet.

Es war ein Täuschungsmanöver. Am Abend gegen 9 Uhr hatte man dem Dienst habenden Luftschutzoffizier den Anflug eines Flugzeugs auf Frankfurt gemeldet. Doch der große Bomberpulk, der eine Stunde zuvor über der Deutschen Bucht gemeldet worden war, nahm nicht Kurs auf Hamburg oder Berlin, wie vermutet wurde. Er stieß vielmehr plötzlich nach Süden vor, überflog Kassel und begann gegen 21.30 Uhr seine vernichtende Fracht über Frankfurt abzuladen. Der „totale Krieg", den die Nazi-Führung ausgerufen hatte, zerstörte die Stadt am Main, in der die Könige und Kaiser des alten Reiches gewählt und gekrönt worden waren, die heimliche Hauptstadt jenes Reiches. Fast auf den Tag genau acht Jahre zuvor, am 23. März 1936, hatte Reichspropagandaminister Joseph Goebbels bei einer Parteikundgebung in der Frankfurter Festhalle die Massen rhetorisch aufgeputscht. Mit Hitler gehe auch Europa unter, lautete die schrille Parole. Welch bittere Wahrheit nun.

In der Altstadt krachten die Fachwerkhäuser zusammen, züngelten die Flammen von Gasse zu Gasse. Vom Liebfrauenberg nach Osten bis zur Fahrgasse brodelte, wie es ein Augenzeuge schilderte, eine Feuerwand, aus der wie durch ein Wunder immer noch Menschen taumelten. Zwischen Dorn und Römer raste ein Feuersturm. Wer sich retten konnte, flüchtete an den Main, wo die Feuerwehr verzweifelt Wasser in eine Gasse pumpte, um einen Fluchtweg freizuhalten. Wer versuchte, Richtung Hauptwache zu entkommen, war verloren; bis zum Eschenheimer Turm tobten die Flammen.

Zerstört

Als der Morgen graute, war die Altstadt nicht mehr. Goethehaus, Pauls- und Katharinenkirche, Dom, Römer, Hauptwache, Schauspiel- und Opernhaus ragten gespenstisch als ausgebrannte Ruinen gen Himmel. 22. März 1944 – es war Goethes Todestag.

Günter Mick

Einnahme der Stadt durch die Amerikaner 1945

29. März, 16 Uhr: Der Kampf um Frankfurt ist vorbei – Kaum Widerstand, Gauleitung setzt sich ab

Es war ein aberwitziger Befehl, die Stadt „bis zum letzten Mann" zu verteidigen. Denn die Front kam immer näher. Die Amerikaner hatten schon Bingen, Mainz und Worms eingenommen und rückten nach dem Rheinübergang bei Oppenheim systematisch Richtung Frankfurt vor. Die Einheiten aber, mit denen der Kampfkommandant, Generalmajor Friedrich Stemmermann, die Stadt verteidigen sollte, waren kaum mehr einsatzfähig, besaßen nicht genügend Waffen und Munition, um ernsthaft Widerstand leisten zu können. Mitte März 1945 drangen die Amerikaner über Kelsterbach nach Schwanheim und Niederrad vor, besetzten das linke Mainufer bis Seligenstadt.

Die Gauleitung geriet in Panik. Am 23. März ordnete Gauleiter Jakob Sprenger an, kein arbeitsfähiger Bürger dürfe die Stadt verlassen. Tags darauf wies er über Rundfunk die Bewohner jedoch an, Frankfurt zu räumen. Doch dafür waren keine Vorbereitungen getroffen worden, niemand wusste, welche Stadtteile zuerst aufgegeben werden sollten, zumal die Anweisungen sich widersprachen. Der größte Teil der Frankfurter leistete dem Befehl daher keine Folge. „Dann müssen sie eben bleiben. Man kann nicht jeden erschießen, der dem Befehl nicht folgt", hieß es in der Gauleitung, die sich selbst überstürzt absetzte.

Am 24. März ordnete Hitler an, jeden zu hängen, der keinen Widerstand leiste; der Besitz von Hessen-Nassau sei mit kriegsentscheidend. Daher sollten auch alle Brücken in Frankfurt gesprengt werden. Da es jedoch nicht gelang, die Wilhelmsbrücke, die heutige Friedensbrücke, zu zerstören, rollten am 26. März gegen 17 Uhr die ersten amerikanischen Panzer in das Gebiet um den Hauptbahnhof, Artillerie nahm die Stadt unter Beschuss.

In der Kommandantur in der Taunusanlage 12 wurde ein Plan nach dem anderen durchgespielt, bis Generalfeldmarschall Kesselring befahl, die Amerikaner zurückzuschlagen und die Wilhelmsbrücke wieder zu erobern. Kurz bevor der deutsche Gegenangriff in den frühen Morgenstunden des 27. März erfolgen sollte, machte sich Generalmajor Stemmermann auf den Weg in die Stadt. Seine Entscheidung war rasch gefallen. Die Kindergesichter seiner Rekruten und die starke Stellung des Gegners veranlassten ihn, den Angriffsbefehl aufzuheben.

Stemmermann wurde als Kampfkommandant abgelöst. Auf Kesselrings Anordnung übernahm Oberstleutnant Erich Löffler die Befehlsgewalt. Doch dieser erkannte ebenfalls, dass die Lage ausweglos war. Die Verteidigung der Stadt „bis zum letzten Mann" war in Anbetracht der Überlegenheit des Gegners Selbstmord, zumal die Ankündigung, von Friedberg her sei die SS im Anmarsch, sich als Gerücht erwies. Um zu verhindern, dass die Amerikaner Frankfurt bombardierten, ordnete Löffler daher an, nur schwachen Widerstand zu leisten.

„Downtown Frankfurt"

Unterdessen nahmen die Amerikaner die Stadt unter heftigen Beschuss. Am 28. März, einem Mittwoch, schlugen mittags Granaten in das Gebäude der Kommandantur ein. Viele Offiziere fanden den Tod, unter ihnen Löffler. Stemmermann wurde schwer verletzt. 300 Meter von der Kommandantur entfernt standen amerikanische Truppen. Am Nachmittag rückten die Amerikaner über die Innenstadt bis zum Holzhausenpark vor. Am 29. März 1945, 16 Uhr, verkündete der amerikanische Sender die Einnahme der Stadt. Der Kampf um Frankfurt war beendet.

Ein Mann namens Joseph Goebbels fuhr aus der Haut: Die Bevölkerung in Frankfurt habe sich offenbar „außerordentlich feige und unterwürfig gezeigt". Der Feind veröffentliche dazu Berichte, „die einem die Schamröte ins Gesicht treiben". Der Propagandaminister des untergehenden „Reiches" empörte sich: „Aber wie kann einen das verwundern, wenn Sprenger, bevor der Feind überhaupt in Sicht war, aus Frankfurt abgehauen ist und die Stadt ihrem Schicksal überließ. Gegen eine solche Entwicklung kann man nur durch die Werwolf-Gesinnung ankommen."

Günter Mick

Kolb weist der Stadt den Weg

1946: Nach der Diktatur erste freie Wahl im zerstörten Frankfurt

Es war die erste demokratische Entscheidung seit 1933: Am 26. Mai 1946 wählten die Bürger ein neues Stadtparlament. Anfang September 1945 hatte die Militärregierung die Erlaubnis erteilt, politische Parteien zu gründen. Als Erste ersuchte die Kommunistische Partei um ihre Zulassung, es folgte die SPD. Konnten sich diese beiden Parteien noch auf Organisation und Strukturen aus der Weimarer Republik stützen, traten mit der Christlich-Demokratischen Partei, die sich wenig später CDU nannte, und der Liberal-Demokratischen Partei zwei neue politische Gruppierungen an.

Vor dem Wahltag wandte sich der von der Militärregierung eingesetzte Oberbürgermeister Kurt Blaum mit dem Appell an die Bevölkerung, der Welt zu zeigen, „dass ihr gewillt seid, eure neue staatsbürgerliche Freiheit zu gebrauchen und damit den ersten Schritt zu einem Wiederaufbau Deutschlands in freiheitlichem Geiste zu tun". Bei einer Wahlbeteiligung

Die Wahl

von 74,3 Prozent entfielen auf die SPD 41, auf die CDU 35,1 Prozent der Stimmen. Mit einem Anteil von 12,1 und 11,8 Prozent kamen KPD und LDP nicht ins neue Stadtparlament, weil sie nicht die nach dem damaligen Gemeindewahlgesetz erforderlichen 15 Prozent erreicht hatten.

Die SPD nutzte ihre Mehrheit. Am 25. Juli wählte sie im Stadtparlament mit dem Düsseldorfer Oberstadtdirektor Walter Kolb nicht nur einen neuen Oberbürgermeister, sondern auch hauptamtliche Magistratsmitglieder ihrer politischen Couleur. Doch wenige Wochen später kam es zur ersten Magistratskrise nach dem Krieg: Kolbs Stellvertreter, der Bürgermeister, wurde verhaftet, weil er über seine politische Vergangenheit in der NS-Zeit falsche Angaben gemacht hatte, der Kämmerer legte sein Amt nieder, und zwei andere Dezernenten hatten ihre Posten wegen anderer Verpflichtungen erst gar nicht angetreten.

Walter Kolb

Die politische Auseinandersetzung über das nun entstandene Chaos beendete schließlich die Militärregierung. Sie setzte dem Stadtparlament eine Frist, für die Wahl eines arbeitsfähigen Magistrats aus Vertretern von SPD und CDU einen Vorschlag zu erarbeiten. Sollte dies nicht gelingen, werde es Neuwahlen geben.

Das wirkte. Am 19. September verständigten sich beide Parteien auf die künftige Zusammensetzung des Magistrats: Die SPD stellte fünf, die CDU vier Dezernenten; eine Position war für einen Parteilosen vorgesehen. Damit hatten SPD und CDU eine kommunalpolitische Zusammenarbeit begründet, die im Römer rund 25 Jahre lang Bestand haben sollte.

Kolb wies den Bürgern der in Trümmern liegenden Stadt den Weg in die Zukunft. Frankfurt sei in der Geschichte ohne Papst und Kaiser, ohne die Gunst von Landesfürsten groß geworden, sondern nur getragen vom aufrechten Sinn der Bürger. Daran wollte der neue Oberbürgermeister anknüpfen und mit dem Aufbau eines neuen demokratischen Frankfurt beginnen. Was durch die Schuld des verbrecherischen Nazi-Regimes zerstört worden war, ließ sich nach seiner Überzeugung nicht in wenigen Jahren wiederherstellen. Doch er versprach, bis zur Jahrhundertfeier der ersten deutschen Nationalversammlung im Jahr 1948 ein gewaltiges Stück Arbeit zu leisten. Denn Frankfurter Politik war für ihn mehr als eine „lokale Angelegenheit". „Frankfurt liegt immer im Blickfeld von Deutschland", stellte Walter Kolb fest.

Der Vorsitzende der CDU-Fraktion, Hans Wilhelmi, hielt sich nach Beendigung der Magistratskrise nicht mit anerkennenden Worten zurück. Er würdigte den Oberbürgermeister als eine Persönlichkeit, die sich ehrlich bemühe, ein „Meister aller Bürger" zu sein.

Günter Mick

Von 1947 an tagt in Frankfurt der Wirtschaftsrat

Für kurze Zeit die Hauptstadt Trizonesiens – Auf dem Weg zur Bundesrepublik

Pässe hat Trizonesien niemals an seine Eingeborenen ausgegeben, aber bis zu einer Hymne hat es immerhin gereicht, ein Schlager, von Karl Berbuer schmetternd intoniert – und zu einer Hauptstadt auch: Frankfurt. Von den wirren Übergangsjahren zwischen der Kapitulation des Deutschen Reiches zu Wasser, zu Lande und in der Luft im Mai 1945 und der Gründung der Bundesrepublik Deutschland vier Jahre später ist die Rede, als es zunächst an jeder Staatlichkeit fehlte und nur die Besatzer das Sagen hatten, als aber schließlich doch zunächst auf der Ebene der Kommunen, dann der neu zugeschnittenen Länder wieder politisches Leben entstand.

Frankfurt kam groß heraus, als von Anfang 1947 an das von Amerikanern und das von Briten besetzte Gebiet als Bizone gemeinsam verwaltet wurde und sich am Ende noch das französische Besatzungsgebiet annäherte, so dass landläufig von der Trizone die Rede war. Die faktische Hauptstadt der unbesungenen Bizone wie auch des größeren Gebiets, das sich mit jenem der Bundesrepublik schon deckte, war wie selbstverständlich die Stadt am Main: in der Mitte gelegen, mit besten Verbindungen überallhin.

So tagte vom 25. Juni 1947 an im Börsengebäude der Industrie- und Handelskammer der Wirtschaftsrat der Bizone, gleichsam ihr Parlament. Die zunächst 52, später 104 Mitglieder waren von den Landtagen nach Frankfurt entsandt worden. Nicht weniger wichtig war das Zusammenziehen der Ämter der Bizone in Frankfurt, sozusagen der Ministerien. Sie waren zunächst über viele Städte verteilt gewesen. Nun residierte etwa die Verwaltung für Wirtschaft in einem Gebäude der Hoechst AG. Von März 1948 an leitete diese Behörde Ludwig Erhard, der bei der Einführung der Deutschen Mark wenige Monate später eine maßgebliche Rolle spielen sollte.

So war eigentlich der Grundstein für die Rolle Frankfurts als Bundeshauptstadt gelegt, doch sollte es schließlich anders kommen. Zuletzt spielte die Stadt am Main eine herausragende Rolle, als die Alliierten den Ministerpräsidenten der westdeutschen Länder am 1. Juli 1948 im IG-Farben-Haus die „Frankfurter Dokumente" überreichten, in welchen sie diese mit der Einberufung einer verfassungsgebenden Versammlung beauftragten – im Klartext: dem Aufbau eines westdeutschen Teilstaats. Die Einberufung dieses Gremiums aber geschah schon nach Bonn.

Ludwig Erhard

Wie Frolinde Balser in ihrem Überblick über die Stadtgeschichte nach 1945 schildert, hatte Frankfurter Geschäftstüchtigkeit womöglich die Politiker verprellt. Sie zitiert Carlo Schmid, wonach die wenigen bewohnbaren Hotels sich als nicht sehr gastfreundlich gegenüber Politikern erwiesen, hingegen lieber Geschäftsleute und Angehörige der Besatzungsmächte aufnahmen. Während sich Konrad Adenauer schon geschickt für Bonn als künftige Bundeshauptstadt engagierte, glaubten die Frankfurter zu lange, der Sitz werde wegen der Tradition und der Vorleistungen für die Bizonen-Verwaltung gleichsam automatisch dem Ort am Main zufallen – ein Irrtum.

Frankfurt bleibt das Verdienst, in der unruhigen Übergangsphase mit dem Wirtschaftsrat ein zentrales Gremium beherbergt zu haben. Im Westflügel der Börse fanden leidenschaftliche Debatten statt, in denen um den künftigen Kurs Deutschlands gerungen wurde, und die wichtigste mag jene gewesen sein, gleichzeitig mit der Währungsreform auch die Bewirtschaftung der Waren weitgehend aufzuheben – Grundlage für das „Wirtschaftswunder". Es zählt zu den Besonderheiten der Stadt, dass an ihre Wirtschaftsgeschichte kaum irgendwo erinnert wird, und so ist auch der Saal, in dem einst der Wirtschaftsrat tagte, nicht mehr erhalten.

Manfred Köhler

März 1948: Seiltänzer verdrängen vorübergehend die Sorgen

„Todeslauf" inmitten der Ruinen

Wenn der altrömische Grundsatz wahr ist, das Volk brauche panem et circenses, Brot und Zirkusspiele, dann war es ein seltenes Zirkusspiel in einer Zeit, in der auch das Brot knapp war. Im März 1948 gastierten die Seiltänzer der Camilla-Mayer-Truppe mit ihrem berühmten „Todeslauf" auf dem Frankfurter Römerberg. Sensation inmitten von Ruinen: Zwei hohe Maste waren aufgestellt, dazwischen das Seil gespannt, darunter ein Netz befestigt. Drei Jahre nach Kriegsende, vier Jahre nach dem verheerenden Bombenhagel, der die einzigartige mittelalterliche Altstadt auslöschte, gruselte sich die Bevölkerung bei den gewagten Darbietungen des fahrenden Volks. Die Kulissen waren auf der westlichen Seite die Fassade des ruinierten Römer und auf der gegenüberliegenden das Gewirr aus Häuserstümpfen und Schutthalden zwischen Samstagsberg und Dom.

Vor allem Kinder, viele noch schlecht gekleidet und ebenso ernährt, sperrten Mund und Augen auf bei dem, was ihnen da geboten wurde. Für die Kinder der Innenstadtbewohner, die oft in notdürftig reparierten Häusern wohnten, deren Fenster mit einem papierähnlichen Ersatzglas abgedichtet waren, bedeuteten die Trümmerberge des historischen Kerns der Bebauung einen vertrauten Tummelplatz. Man spielte dort Verstecken in halb von Schutt begrabenen Kellergewölben, unter herabhängenden Decken, auf wackligen Treppenresten. Das war nicht ungefährlich. Es war der Abenteuerspielplatz einer ausgebombten Stadt. In den Höhlen und zwischen den geschwärzten Mauern roch es immer noch ein wenig nach Brand und Unheil.

Schuttberge abzutragen, um Raum zu schaffen für Neues, vor allem für neue Wohnungen, war damals neben dem Herbeischaffen von Lebensmitteln die wichtigste Aufgabe der kommunalen Selbstverwaltung einer Stadt, in der vorläufig nur der Schwarzmarkt mit amerikanischen Waren gut funktionierte. 1946 trat Walter Kolb sein Amt als Oberbürgermeister an, und schnell wurde er populär (vielleicht auch, weil sein rundlicher Kopf und die umfängliche Leibesmitte so gar nicht nach Notzeit aussahen). Kolb gründete die T.V.G., die Trümmer-Verwertungs-Gesellschaft, und ließ auf schmalen Gleisen die „Trümmerbahn" durch die Wüsteneien fahren, mit der der Schutt abtransportiert und anderswo zu Baumaterial verarbeitet wurde.

Der „Todeslauf"

Die Bürger waren aufgefordert, sich tatkräftig an der Beseitigung der Kriegsfolgen zu beteiligen, Kolb packte selber immer wieder mit an. Das Aufbereitungswerk der T.V.G. stand im Ostpark, dort wurden Wandplatten, Mauersteine und Dachziegel hergestellt. Erst Anfang der sechziger Jahre konnte das gemeinwirtschaftliche Unternehmen die Arbeit einstellen – es gab keine Trümmer mehr.

Doch als die Mayer-Truppe 1948 vor dem Römer ihre luftige Artistik betrieb, war noch nicht einmal klar, was zum Beispiel aus den Überresten des aus verschiedenen Bauepochen stammenden Rathauskomplexes werden würde. Ein paar Tage lang verdrängten die Zirkusspiele diese und andere Sorgen.

Jörg Kauffmann

Besinnung auf die Ideale von 1848 – Hundertjahrfeier in der Paulskirche

Rede an die Deutschen

18. Mai 1948. In den verschütteten Gassen der Altstadt drängen sich die Menschen, als sich vom Römer geistliche und weltliche Würdenträger, Professoren in- und ausländischer Universitäten zur mit Spenden aus allen deutschen Landen wieder aufgebauten Paulskirche aufmachen. Doch nach Nazi-Terror und Zusammenbruch ist dies mehr als die Erinnerung an den Tag vor hundert Jahren, als die erste deutsche Nationalversammlung in der Paulskirche ihre Arbeit an einer Verfassung für Deutschland aufgenommen hat.

Am 17. März 1947 war der neue Grundstein gelegt worden. Auf der Urkunde stand: „Heute beginnen wir mit dem Wiederaufbau der Paulskirche. Sie wurde zerstört, weil wir die sittlichen Gesetze missachteten. Mögen unsere Nachkommen sich selbst überwinden und über die Grenzen hinaus allen Völkern die Hand in Eintracht reichen. Dies ist unser Wunsch und unser Vermächtnis." In einem Aufruf zum Gedenktag schrieb Oberbürgermeister Walter Kolb, indem er an diese Worte anknüpfte: „Wenn in der Frankfurter Paulskirche von 1848 der Beginn der deutschen Demokratie zu sehen ist, dann wollen wir in der Frankfurter Paulskirche von 1948 die Wiedergeburt des deutschen demokratischen Staates erblicken, der nun aber nach der grauenvollen Episode von 1933 bis 1945 zum unverlierbaren Besitz der deutschen Nation werden soll."

Unter den Gästen ist auch General George P. Hays, der stellvertretende amerikanische Militärgouverneur für Deutschland. James R. Newman, der Direktor der Militärregierung für Hessen, hat „nach reiflicher Überlegung" darauf verzichtet, eine Rede zu halten; bei der Feierstunde handele es sich um eine „rein deutsche Angelegenheit". Zu Beginn der Veranstaltung übergeben Schlussläufer einer Stafette aus ganz Deutschland dem Oberbürgermeister auf Urkunden Grüße deutscher Länder und Städte. Dann beginnt der Schriftsteller Fritz von Unruh, nach seiner Emigration 1932 erstmals wieder in Deutschland, mit seinem Festvortrag: Rede an die Deutschen.

Fritz von Unruh zeichnet den Weg nach, der zur Nationalversammlung von 1848 geführt hat, beschwört den magischen Rausch der Märzrevolution, erinnert an die Forderungen nach Presse-, Religions- und Lehrfreiheit, allgemeinem deutschen Staatsbürgerrecht, Verantwortlichkeit der Minister, Abschaffung aller Vorrechte. Er führt seine Betrachtungen weiter zu dem von Bismarck gegründeten Reich unter preußischer Führung. „Aus der achtundvierziger Vision einer deutschen, demokratischen Republik war wieder eine monarchistische Soldatenherrschaft geworden", zieht Unruh bittere Bilanz.

Die Schüsse von Sarajewo und der Beginn des Ersten Weltkriegs. Fritz von Unruh, in einem Kadettenkorps, „diesem Urmodell späterer Konzentrationslager", geformt, erkennt auf den Schlachtfeldern, was Hegels „Vergottung des Staates" und Clausewitz' „Vom Krieg" für den Einzelnen bedeutete. Vor Verdun, „als das Blut von fast einer Million Frontschweinen den Februarschnee färbte", dort, „in dem Massenschlachthaus, da erkannten wir nämlich den ganzen Wert und Schwerpunkt des Seins in uns selber, erkannten die geschändete Menschenwürde". Was die Paulskirche 1848 nicht erreicht hatte, „das wollten wir 1918, wir unbekannten Soldaten, nun schaffen: eine deutsche Republik, in der die Gesamtheit das Leben des Einzelnen garantierte". Doch das „Heil Hitler" setzte dem Traum ein Ende. „Die Philosophie von der Vergottung des Staates und der Vergottung der Massen erwies sich wiederum stärker als die Erkenntnis des Einzelnen von seiner Menschenwürde im Sein", vermerkt der Schriftsteller resigniert.

Aber Deutschland ist einmal „in der Gnade" gewesen. War es etwa nicht in der Gnade, fragt der Festredner, als Meister Erwin von Steinbach das Straßburger Münster baute und, trotz der Kirchenhetze auf Israel, gerade die Synagoge als die lilienzarteste Frauenfigur so in Stein meißelte, dass ihre holde Melancholie bis heute Verwunderung weckt? War es nicht in der Gnade, als Riemenschneider die Mater dolorosa aus Gefühlstiefen formte, wie sie kaum ein Volk so schmerzzerwühlt durchlitten hat, Luther in Acht und Bann die Bibel übersetzte, Bach die Matthäuspassion schuf, Goethe dichtete „Edel sei der Mensch, hilfreich und gut"?

Wie dieses Volk, das einmal in der Gnade war, dem Versucher erliegen konnte? Fritz von Unruh schwankt, muss wegen eines Schwächeanfalls weggetragen werden. Das Orchester spielt Beethoven, Leonoren-Ouvertüre Nummer 3. Danach kann der Redner seine Ausführungen zu Ende bringen: „Sollte nach hundert Jahren in dieser Paulskirche etwa wieder einer stehen zur Feier einer deutschen, demokratischen Republik, so möge er von uns berichten können, dass wir in der Weltregierung der Völker, die dann inzwischen jedem Einzelnen den Paulskirchen-Traum ‚das eigene Leben' wohl garantiert haben wird, dass wir hier eine erste Zelle der Entsühnung und Versöhnung mit dem Geist gebildet haben. Eine Zelle der Einigung und Kraft. Dass wir in diesem erhabenen Moment, heute, am 18. Mai 1948, aus dem Abgrund unserer Not – wieder in die Gnade fanden."

Günter Mick

Hundertjahrfeier

Die Mark kommt aus Frankfurt

Währungsreform 1948 als Beginn des „Wirtschaftswunders"

Kein Ereignis in der Nachkriegszeit hat sich in die Erinnerung der Menschen so eingebrannt wie die Währungsreform am 20. Juni 1948 – auch nicht die Gründung der Bundesrepublik Deutschland im Jahr darauf. Verständlich immerhin, denn kein Ereignis zeitigte auch so rasch Folgen für den Alltag eines jeden, und die Berichte, was die Menschen mit den ersten 40 Mark gemacht haben, wie sie von den Auslagen in den Schaufenstern am Tag nach der Einführung des stabilen Geldes beeindruckt waren, sind Legion. Das war in Frankfurt nicht anders. Am Vorabend des 20. Juni gaben die Menschen das alte Geld aus, als wären sie in einem Rausch, wie die „Frankfurter Neue Presse" berichtete: Im Kino wollte keiner mehr das Wechselgeld, Reichsmarkscheine fanden sich an der Hauptwache als Toilettenpapier wieder.

Frankfurt hatte gleichwohl mit der Währungsreform mehr zu schaffen als alle Städte in den Westzonen sonst. Die Deutsche Mark war auch eine Frankfurter Mark, wenn-

Die alte Reichsmark

gleich dies die meisten Bürger zunächst kaum interessiert haben dürfte. In der Börse tagte seit einem Jahr der Wirtschaftsrat der Bizone, also ihr Parlament, und in einem Gebäude der Farbwerke in Höchst residierte die Verwaltung für Wirtschaft mit Ludwig Erhard an der Spitze, gleichsam das Wirtschaftsministerium der amerikanischen und britischen Besatzungszone, die weite Teile der späteren Bundesrepublik umfasste. Und im alten Reichsbankgebäude an der Taunusanlage hatte die Bank deutscher Länder ihre Tätigkeit aufgenommen, aus welcher die Bundesbank hervorgehen sollte.

Dass es eine neue Währung geben musste, war jedem klar. Die Nationalsozialisten hatten die in den zwanziger Jahren – auch damals nach einer Inflation – eingeführte Reichsmark durch den vor allem über Schulden finanzierten Krieg zugrunde gerichtet. Bis zur Kapitulation war dies nur den Fachleuten klar gewesen, während die Menschen noch von den Preisstoppverordnungen profitierten – abgesehen davon, dass durch die mit Kriegsbeginn eingeführte Bewirtschaftung Lebensmittelmarken fast wertvoller waren als Geld.

Doch mit dem Ende des „Dritten Reichs" war die Inflation offen ausgebrochen, so dass schließlich Zigaretten und nicht die zunehmend wertloser werdenden Reichsmarkscheine zur maßgeblichen Währung wurden. Die Menschen waren dies zunehmend leid; bei einer Umfrage des Instituts für Demoskopie Allensbach bejahten 1948 sieben von zehn die Frage, ob sie froh über die Währungsreform seien, vier von zehn hielten die Stimmung für optimistischer als zuvor, nur zwei von zehn schätzten sie pessimistischer ein.

Die Vorbereitungen für die Währungsreform hatten Amerikaner und Deutsche gleichermaßen aufgenommen. Die „Sonderstelle Geld und Kredit", die Ludwig Erhard geleitet hatte, bevor er die Verwaltung für Wirtschaft übernahm, hatte ihren Sitz in Bad Homburg. Zuletzt waren die deutschen und amerikanischen Fachleute in Rothwesten bei Kassel in Klausur gegangen. Denn die Einführung der Deutschen Mark galt lange Zeit als Geheimsache. Die Geldscheine waren in den Vereinigten Staaten gedruckt und via Bremerhaven bei Nacht und Nebel in den Keller der Bank deutscher

Länder nach Frankfurt gebracht worden. Nur sechs Mitarbeiter wussten von den 20 000 Kisten und ihrem Inhalt. Auch die Verteilung auf die Ausgabestellen geschah im Geheimen, so dass die Menschen erst kurz zuvor von alledem erfuhren.

Etwas in Vergessenheit geraten ist, dass nicht allein das neue Geld den Aufschwung einleitete. Als kühn gilt der Schritt Ludwig Erhards, zugleich die Bewirtschaftung weitgehend aufzuheben. Darüber gab es erbitterte Debatten im Wirtschaftsrat, und erst zwei Tage vor der Währungsreform hob die Mehrzahl der Politiker dafür die Hand. Erhard setzte das so genannte Leitsätzegesetz darauf in Kraft, ohne zuvor die Alliierten um Erlaubnis gefragt zu haben.

Die Ausgabestelle

Auch hier stand mithin Frankfurt im Zentrum des Geschehens, und liberale Wirtschaftspolitik aus Frankfurt auf Grundlage einer stabilen Währung, deren Hüter mit der Bank deutscher Länder und später der Bundesbank in Frankfurt saßen, sollte zum Markenzeichen des neuen Staates werden. Für Frankfurt war der 20. Juni 1948 noch aus einem anderen Grund ein besonderer Tag: Die Amerikaner bauten den Zaun um das IG-Farben-Haus ab, mit dem sie dieses Gebäude, ihr Hauptquartier, so weitläufig abgeriegelt hatten, dass ein ganzes Viertel umschlossen war: der Grüneburgpark, der Palmengarten und die angrenzenden Wohnviertel bis zum Oeder Weg im Osten. Aus dem Areal hatten 1945 alle Deutschen ausziehen müssen. Die Aufhebung des Sperrgebiets, die Währungsreform: Das eine hatte mit dem anderen nicht unmittelbar zu tun, aber das eine wie das andere markierte einen Aufbruch in eine neue Zeit. So wurde der 20. Juni 1948 für die Frankfurter zu einem Moment der Freiheit im doppelten Sinn.

Manfred Köhler

1949: Frankfurt unterliegt Bonn im Kampf um die Bundeshauptstadt

Paulskirche und Lendenbraten mit Röstkartoffeln

Nein, es war alles andere als eine Schnapsidee, als Frankfurt Ende 1948 sich darum zu bemühen begann, Hauptstadt des westdeutschen Bundesstaats zu werden, an dessen Verfassung der Parlamentarische Rat in Bonn arbeitete. Frankfurt, die alte Handels- und Messestadt mit ihrer zentralen Verkehrslage, konnte gute Argumente für sich ins Spiel bringen: Hier wurden die Herrscher des Heiligen Römischen Reiches Deutscher Nation gewählt und gekrönt, hier tagte 1848/49 die erste deutsche Nationalversammlung, die Deutschland eine einheitliche Verfassung mit demokratischen Strukturen zu geben versuchte. Bedeutsame Stationen also in der deutschen Geschichte.

Aber es gab auch aktuelle Gründe, sich berechtigte Hauptstadt-Hoffnungen zu machen. Seit Sommer 1947 waren hier die Zentralbehörden des Vereinigten Wirtschaftsgebiets in der amerikanischen und der britischen Besatzungszone angesiedelt, Verwaltungsgebäude und Wohnungen für die Mitarbeiter der Ämter der „Bizone“ gebaut oder wieder errichtet worden.

Doch da hatte Frankfurt die Rechnung ohne Bonn gemacht. Am 26. Oktober 1948 trat der nordrhein-westfälische Innenminister Menzel vor die Presse und stellte fest, die einstige kurkölnische Residenzstadt müsse Sitz der Bundesregierung werden. Denn: Nur so könne der provisorische Charakter eines westdeutschen Staates dokumentiert werden. – Der Kampf um die Hauptstadt begann.

Frankfurt legte dem Parlamentarischen Rat einen umfangreichen Bericht vor, über welch gute Infrastruktur die Stadt verfüge, um die Organe des künftigen Bundesstaates aufzunehmen. Die Paulskirche „als besonders repräsentative Tagungsstätte“ sollte für die „Volkskammer“ zur Verfügung stehen. Als Alternative offerierte die Stadt aber zugleich das Gebäude der Pädagogischen Akademie am Dornbusch – wenige Jahre später siedelte sich dort der Hessische Rundfunk an – das um einen Plenarsaal erweitert werden könne. Das Cassella-Haus zwischen Feuerbach- und Barckhausstraße sollte Dienstsitz des Bundeskanzlers, das Gebäude Lindenstraße 27 zur Residenz des Bundespräsidenten ausgebaut werden. Und dann natürlich der Flughafen und das auf das Rhein-Main-Gebiet „radial ausgerichtete" Verkehrsnetz Deutschlands: Im Hauptbahnhof liefen immerhin täglich 53 D-Züge und 13 Diensttriebwagen ein.

Der Wettkampf zwischen Frankfurt und Bonn nahm teils bizarre Formen an. Nicht nur, dass man sich zu überbieten suchte mit Zahlen über Nutzflächen, Fernmeldeleitungen, Anrufeinheiten und Fahrpläne. Die Bonner versuchten die Frankfurt-Bewerbung gar auch dadurch zu diskreditieren, dass sie darauf hinwiesen, der Frankfurter Oberbürgermeister Walter Kolb sei ja ein Sohn der Stadt Bonn, und das Gerücht streuten, Kolb solle ohnehin Oberbürgermeister der Stadt am Rhein werden.

Am 28. Februar 1949 versuchte die hessische Landesregierung eine Bresche für Frankfurt zu schlagen, indem sie sich direkt an Konrad Adenauer wandte, den rheinischen Präsidenten des Parlamentarischen Rats. In Frankfurt seien, hob die Regierung hervor, unter Anwendung der Maßstäbe

Konrad Adenauer

„einer wirklichen Objektivität" die besten Voraussetzungen gegeben, die Bundesorgane aufzunehmen. Und um den Streit nicht am Geld scheitern zu lassen, fügte die Landesregierung hinzu, Hessen werde selbstverständlich die Vorfinanzierung übernehmen.

Obwohl am 10. Mai der Parlamentarische Rat sich mit 33 gegen 29 Stimmen bei einer Enthaltung für Bonn aussprach, konnte Frankfurt noch weiter hoffen. Denn am 6. Juli beschloss die Konferenz der Ministerpräsidenten in Schlangenbad, der künftige Bundestag solle über die vorläufige Hauptstadt befinden.

Frankfurt warf sich nochmals ins Rennen. Für den 27. Juli lud Kolb die „gesamte deutsche Presse" ein, um sich an Ort und Stelle ein Bild von den Möglichkeiten der Stadt am Main zu machen. Wurde dabei ein „ordentliches, keineswegs üppiges, aber etwas besseres Essen" gereicht, legte sich die Stadt wenige Tage später beim Besuch von Mitgliedern der Technischen Kommission der Ministerpräsidenten richtig ins Zeug. Es gab Hors-d'oeuvre, Bouillon, Lendenbraten mit Röstkartoffeln, verschiedene Salate, Eisbecher und Früchte, Kaffee mit Sahnetorte und Blätterteig. Ein Rundflug, um Frankfurt auch aus der Luft goutieren zu können, musste am Abend wegen Regenböen abgesetzt werden. Der Versuch, im Oktober alle Abgeordneten nach Frankfurt einzuladen und „mit der größten Zuvorkommenheit zu behandeln" – die Fahrer sollten „Ami-Zigaretten und eine verkorkte Flasche Wein" bekommen –, wurde ein Fehlschlag. Nur wenige kamen, so der CDU-Abgeordnete Krause aus Lippstadt, der sich den Hans-Albers-Film „Große Freiheit Nr. 7" ansah.

Doch am 3. November 1949 um 18 Uhr 55 war die Schlacht geschlagen. Im Bundestag in Bonn wurde das Ergebnis der geheimen Abstimmung bekannt gegeben, die Bundesorgane nach Frankfurt zu verlegen: 176 ja, 200 nein. Rund 1000 Bürger protestierten auf dem Römerberg gegen den Beschluss. In einer Unterschriftenaktion wurde mit Steuerstreik gedroht, falls die Entscheidung nicht rückgängig gemacht werde. – Sie wurde nicht. Der Werbeaufwand für Frankfurt betrug 146 506,37 Mark. *Günter Mick*

Wiedereröffnung der Westend-Synagoge am 6. September 1950

Nur ein provisorisches Gotteshaus

Es war ein großer Tag für das Frankfurt der Nachkriegszeit. Am 6. September 1950 wurde die Westend-Synagoge an der Freiherr-vom-Stein-Straße wieder eingeweiht. Die zahlreichen Ehrengäste aus dem politischen und kirchlichen Leben schauten zu, wie das Ewige Licht entzündet wurde und die Thora-Rollen in den Schrein eingebracht wurden. Die Jüdische Gemeinde bezog ein Gotteshaus in der Stadt, in deren Geschichte sie über Jahrhunderte eine bedeutende Rolle gespielt hatte und aus der sie nach dem Willen der Nationalsozialisten für immer hatte vertrieben werden sollen. Es war ein schwieriger Tag für die Festgäste. In die Freude der nichtjüdischen Redner mischten sich Scham und mitunter auch der Wunsch nach Verdrängung. Und in der Freude der jüdischen Redner war auch die Unsicherheit zu spüren, ob ein Neuanfang an alter Stelle möglich sei.

Die Westend-Synagoge war in der „Kristallnacht" vom 9. auf den 10. November 1938 ausgebrannt, doch anders als die anderen Synagogen wurde sie nicht abgerissen, sondern blieb äußerlich erhalten. Sie diente anschließend zunächst als Kulissenlager für die Oper, dann als Möbeldepot. Während der Luftangriffe am 20. März 1944 trafen mehrere Brandbomben das jüdische Gebetshaus, und das Innere wurde neuerlich verwüstet.

Fünf Jahre nach Kriegsende wurde die Synagoge wieder aufgebaut, als zweites jüdisches Gotteshaus in Deutschland nach dem Münchener. Die Architekten Max Kemper und Werner Hebebrandt fertigten die Pläne an, die Innenausstattung entwarf der Maler Hans Leistikow im Stil der Zeit. Es war keine Rekonstruktion des ursprünglichen Zustands, denn nach der Ermordung der meisten Gemeindemitglieder war an ein Anknüpfen an die Vergangenheit nicht zu denken. Noch war ungewiss, ob sich auf Dauer eine Jüdische Gemeinde in Frankfurt bilden würde und ob sie hier wieder heimisch werden könnte. Auch ihr Gotteshaus sollte deshalb provisorisch bleiben.

Als die Westend-Synagoge am 28. September 1910 eingeweiht worden war, hatte der prächtige Bau ein emphatisches Bekenntnis zu Deutschland als Vaterland bedeutet – gerade weil das im assyrisch-ägyptischen Stil vom Architekten Franz Roeckle entworfene Gebäude mit seiner riesigen Kuppel und prunkvollen blau-goldenen Innenausstattung sich orientalischer Stilelemente bediente. Wer solch einen Tempel in der Diaspora errichtete, gab zu verstehen, dass er bleiben wollte. Dem Gotteshaus haftete nichts Provisorisches mehr an. Nicht nur das: Mit der Westend-Synagoge bekam die liberale Richtung innerhalb des Judentums ihr eigenes Gotteshaus. Die Weiherede hielt damals Cäsar Seligmann, der Begründer der liberalen Richtung im Judentum, die bald Anhänger auf der ganzen Welt fand. Zur liberal-reformistischen Religionsausübung gehörte, dass Gebete auch in deutscher Sprache gesprochen wurden.

In seiner Rede am 6. September 1950 leitete der hessische Ministerpräsident Christian Stock (SPD), so war in dieser Zeitung zu lesen, aus dem „Geschehen" während der nazistischen Herrschaft „die um so größere Verpflichtung zu Duldung und Verständnis" ab. Jedem anständigen Deutschen müsse der Anblick der Synagoge die Schamröte ins Gesicht treiben. Wie der Frankfurter Oberbürgermeister Walter Kolb (SPD) für seine Stadt, versprach Stock für das Land Hessen, dass man jedem Juden Schutz gewähren werde. Der evangelische Probst Goebel klagte sich selbst des Schweigens während des „Dritten Reichs" an.

Philipp Auerbach, Präsident des Zentralrats der Juden in Deutschland, fand harte Worte „für das mangelnde Verständnis und die immer noch ungenügende Wiedergutmachung in Deutschland". Der Vertreter des Staates Israel, Konsul Livneh, wies auf den provisorischen Charakter des Gotteshauses hin. Alle nichtisraelitischen Gemeinden seien im Exil, sagte er. Alles, was im Exil gebaut werde, geschehe auf Widerruf.

Dieser Widerruf ist bisher ausgeblieben. „Wer ein Haus baut, will bleiben", lautet der Titel eines Bandes zur Geschichte der Jüdischen Gemeinde in Frankfurt, der im Jahr 1998 veröffentlicht wurde. Nicht nur der Bau des jüdischen Gemeindehauses, auch die partielle Rekonstruktion der ursprünglichen Innenausstattung der Westend-Synagoge in den achtziger Jahren stehen für die neue Verbundenheit der Jüdischen Gemeinde mit Frankfurt.

Matthias Alexander

Die Westend-Synagoge

1951: Friedenspreis des Deutschen Buchhandels an Albert Schweitzer

Mit einem Paulus-Wort gegen den Geist der Gewalt

Sichtlich gerührt geht Albert Schweitzer ans Rednerpult. Wie ein Mahnmal setzt er seine ersten Worte: „Niemand auf der Welt darf heute den Friedenspreis empfangen für eine Leistung, die offensichtlich ist, sondern jeder, der damit ausgezeichnet wird, darf ihn nur als Ermutigung hinnehmen für das, was er in Schlichtheit und Demut für die Idee des Friedens tun will."

Sonntag, 16. September 1951. In der Paulskirche wird erstmals der Friedenspreis des Deutschen Buchhandels verliehen. Im Namen des Börsenvereins der deutschen Verleger

Albert Schweitzer empfängt die Auszeichnung

und Buchhändler überreicht Bundespräsident Theodor Heuss die Auszeichnung an den Arzt, den Theologen, Philosophen, Musikwissenschaftler, den Humanisten Albert Schweitzer. Im Jahr zuvor war bereits ein „Friedenspreis Deutscher Verleger" gestiftet worden, aus dem der Friedenspreis des Deutschen Buchhandels hervorging. 1950 hatte ihn der Schriftsteller Max Tau erhalten.

Das deutsche Volk habe aus seiner leidvollen Erfahrung die Lehre gezogen, die gemeinschaftlichen Bemühungen aller europäischen Völker und der Völker der Welt sollten dem Frieden und der Verständigung gelten, um eine neue, noch größere Katastrophe zu verhindern. So begründete der Börsenverein die Initiative für den Friedenspreis. In der Paulskirche sagt der Vorsitzende Josef Knecht dazu: „Wir wollen uns klar und deutlich abwenden von dem Geist der Vergangenheit, dem Geist der Gewalt, des Krieges und der Zwietracht, der unserem Volke, der Europa und der ganzen Welt Unheil, Unordnung, Tränen und Blut genug gebracht hat." Gewalt sei kein geeignetes Mittel, um geistige Auseinandersetzungen zu führen, „und an Stelle des Geistes der Gewalt wollen wir uns dem Geist der Versöhnung, der Verständigung, des Friedens verpflichten, der dem Recht zum Sieg verhilft".

Theodor Heuss greift den Gedanken auf: Verleihung eines „Friedenspreises". Der Bundespräsident zeigt die verschiedenartige „Färbung" des Wortes „Frieden" auf. Gottesfrieden, Abendfrieden, Arbeitsfrieden. „Aber heute, hier in diesem Zeitpunkt heißt das Wort Frieden einfach so: der Wunsch, dass nicht wieder, nicht noch einmal Krieg sei, dass das Leid, das die Menschen begleitet, von ihnen nicht technisch vertausendfacht, vermillionenfacht werde." Heuss bezeichnet das Buch als den nachhaltigsten Wegbereiter für das „innere Verstehen" der Völker; Bücher sollen nach seinen Worten „Pflüge des Friedens" sein.

Die Mahnung, sich der „Humanitätsgesinnung wieder zu ergeben", stellt der Preisträger in den Mittelpunkt seiner Ausführungen. Denn allein diese Gesinnung sei es, „was einem Volk dem anderen gegenüber die Gewissheit geben kann, dass es die Macht nicht zum Vernichten des Gegners gebrauchen wird". Humanitätsgesinnung definiert Schweitzer als schöpferischen Geist, der Gegensätze „von innen heraus" löse. „Er schafft für die, die einander entgegenstehen, Garantien, die auf keine andere Weise gegeben sind."

Albert Schweitzer

Albert Schweitzer, der 1928 den Goethepreis der Stadt Frankfurt erhalten hat, zitiert den Apostel Paulus: „Soviel an euch ist, haltet mit allen Menschen Frieden." Dieses Wort gelte nicht nur den einzelnen, sondern gerade in dieser Zeit den Völkern. Der Friedenspreisträger schließt: „Und mögen die Völker und die, die sie regieren, es beherzigen und in diesen furchtbaren Tagen bestrebt sein, soweit es ihnen möglich ist, bis an die äußerste Grenze zu gehen, auf dass der Geist Zeit habe, zur Hilfe zu kommen. Dann dürfen wir hoffen."

Günter Mick

9. Juni 1955: Theodor Heuss eröffnet im Römer den wiederhergestellten Kaisersaal

Der demokratische Präsident in der Herrschergalerie

Das Ereignis entbehrte nicht der Ironie: Der höchste Repräsentant der jungen Republik, Bundespräsident Theodor Heuss, kam am 9. Juni 1955 nach Frankfurt, um den Wiederaufbau des von Bomben zerstörten Kaisersaals zu feiern und zu würdigen. Aus der Sicht eines liberalen Demokraten stellte sich die Geschichte des Saals ambivalent dar: Einerseits stand er für die Historie des Alten Reiches und den Blick des 19. Jahrhunderts auf dessen Tradition. Denn die Kaisergemälde, die an den Wänden des Saales hingen, waren in den Jahren zwischen 1838 und 1853 entstanden. Bürger und Monarchen hatten sie gestiftet, aus einem Geist, in dem sich konservative Sentimentalität und liberaler Nationalismus miteinander vermischten. Indem die Gemälde also auch auf eine erhoffte neue Reichseinheit vorauswiesen, waren sie – andererseits – vage mit den Ideen von Freiheit verbunden.

In seiner Rede stellte sich Heuss selbst in die Tradition, die der Kaisersaal repräsentierte, und distanzierte sich gleichzeitig von ihr. Heuss erzählte von seinem ersten Besuch als Siebzehnjähriger im Jahr 1901. Der habe damals zum Pflichtprogramm eines bildungshungrigen jungen Mannes gehört. Heuss berichtete, dass er anhand der Kaiserbilder seine Geschichtskenntnisse erprobt habe. Der Bundespräsident hob jedoch hervor, dass sich das „Weihegefühl vor der Geschichte“ bei späteren Besuchen nicht mehr eingestellt habe.

Der Bundespräsident distanzierte sich mit dieser Bemerkung deutlich vom nationalistischen Geschichtsbild des 19. Jahrhunderts. Er fand eine neue „geschichtspolitische“ Aufgabe für den Kaisersaal. Was Frankfurt früher für die Einheit und Freiheit bedeutet habe, das möge auch in die Zukunft weitergereicht werden, mahnte er die Zuhörer, unter ihnen der hessische Ministerpräsident Georg August Zinn und Oberbürgermeister Walter Kolb.

Die Stadt erlebe mit der Wiederherstellung des Kaisersaals einen gewissen symbolischen Abschluss der Wiederaufbauarbeiten, sagte Heuss weiter. In dieser Äußerung steckte eine vorsichtige Stellungnahme in einem ästhetischen Streit, der in der Nachkriegszeit die Gemüter bewegt hatte – zwischen Rekonstruieren und Modernisieren. Es hatte Vorschläge gegeben, die Trümmer des Römers als Mahnmal liegen zu lassen. Bald mehrten sich jedoch die Stimmen für einen Wiederaufbau. Vier Jahre zuvor, am 10. Mai 1951 bei der Eröffnung des wieder aufgebauten Goethe-Hauses, hatte sich Heuss ebenso präsidial-zurückhaltend geäußert: „Ungoethisch ist die Wiederherstellung des Hauses nicht; denn Goethe selber war ein Liebhaber des Antiquarischen, ein leidenschaftlicher Sammler."

Die Geschichte des Kaisersaals reicht bis ins 15. Jahrhundert zurück. An seiner Stelle wurde erstmals im 15. Jahrhundert ein großer Raum mit Balkendecke eingerichtet, nachdem die Stadt die Häuser am Römer von Patrizierfamilien

Der Römer 1949

Der Kaisersaal 1816

erworben hatte. Er wurde bei Messen Kaufleuten zur Verfügung gestellt, zu einem hohen Preis. Der große Saal im Römer erhielt im Jahr 1612 die Gestalt, die er bis zum Zweiten Weltkrieg haben sollte. Der Umbau geschah aus Anlass der Krönung von Kaiser Matthias. Das untere Dachgeschoss wurde hinzugenommen und der vergrößerte Raum mit einer gewölbten Bretterdecke versehen. Im benachbarten Kurfürstenzimmer, das nach dem Zweiten Weltkrieg nicht wieder aufgebaut wurde, trafen sich die Wahlfürsten des Reiches zu ihren Verhandlungen, die der Wahl im Dom vorausgingen. Die anschließenden Krönungsbankette fanden im Kaisersaal statt. 1792 wurde im Kaisersaal das letzte Krönungsmahl begangen.

Den Anstoß, im Kaisersaal eine Gemäldegalerie mit sämtlichen deutschen Kaisern seit Karl dem Großen einzurichten, hatte das Städelsche Kunstinstitut im Jahr 1838 gegeben. Es dauerte einige Jahre, bis die Galerie der Porträts, die von verschiedenen Künstlern angefertigt wurden, vollständig war. Als letztes Bildnis wurde dasjenige Karls des Großen 1853 aufgehängt. Die Kaiserbilder blieben im Krieg unversehrt. Sie waren vor dem Beginn der intensiven Bombardierungen ausgelagert worden. Die tonnengewölbte Holzdecke des Kaisersaals wurde dagegen zerstört, die Wände mit den Nischen für die Kaiserbilder waren jedoch noch vorhanden.

Was der Bundespräsident von der Bemerkung Lina von Schauroths hielt, die in einer kurzen Ansprache den Wunsch äußerte, Frankfurt möge bald wieder einen Kaiser zum Dom schreiten sehen, ist nicht überliefert. Er dürfte es mit Ironie zur Kenntnis genommen haben. Ohnehin ging die „populärste Bürgerin" der Stadt, wie der Berichterstatter einer Zeitung die exzentrische Malerin nannte, auf den Bundespräsidenten zu und stieß auf sein Wohl an – so, als würde sie ihn als Ersatzkaiser akzeptieren.

Matthias Alexander

23. April 1956: Eröffnung des Fernmeldehochhauses

Ein Stück Chicago

Die Frankfurter hatten mal ein Schloss, sogar mitten in der Stadt. Es war das Palais der Fürsten Thurn und Taxis, um 1740 von Robert de Cotte, einem Hofbaumeister Ludwigs XV., an der späteren Großen Eschenheimer Straße erbaut. Der Architekturkritiker Dieter Bartetzko nannte den dreiflügeligen Bau eines der schönsten Stadtschlösser Deutschlands. Es könnte noch da stehen, wo heute das Fernmeldehochhaus der Post steht. Zwar waren die Kriegsschäden beträchtlich, doch eine Denkmalskommission hielt 1949 den Wiederaufbau zumindest von Teilen für möglich.

Statt dessen entschied sich der Bauherr Bundespost, dem nach dem Krieg das Areal zugesprochen worden war, aus Kostengründen für das Abtragen der Reste mit Ausnahme des Portals und der beiden Torhäuser. Die Post errichtete hinter den barocken Reminiszenzen an den Kaiserlichen General-Erbpostmeister Anselm von Thurn und Taxis ein nach den Maßstäben der mühsam aus den Bombentrümmern sich aufrappelnden Stadt gigantisches Gebäude, den knapp 70 Meter hohen Fernmeldeturm, der auf neuartige Weise als Schnittpunkt im deutschen Kabelnetz die Tradition der Poststation von einst fortsetzte.

Am 23. April 1956 ließ sich anlässlich der Eröffnung der amtierende Bundespostminister Balke vor einem der großen Parabolspiegel auf dem Dach des Hochhauses fotografieren. Höher war damals, abgesehen vom Pfarrturm des ehrwürdigen Doms, kein Bau weit und breit. Balke pries die geographische Lage der Stadt, die sie für eine solche zentrale Einrichtung prädestiniere, sowie die atemberaubenden Möglichkeiten der Fernmeldetechnik. So sei es gelungen, Kabel zu entwickeln, über die gleichzeitig 2700 Gespräche geführt werden könnten. Ein großes Auslandsfernamt werde schon bald eingerichtet, kündigte der Minister aus jenem Bonn an, das anstelle Frankfurts Bundeshauptstadt geworden war.

Auch im europäischen Fernsprechverkehr werde der Turm eine Schlüsselstellung einnehmen, versprach Balke, und nicht zuletzt werde das Frankfurter Überseeamt durch zwei Kabelleitungen direkt mit New York verbunden sein.

Das Fernmeldehochhaus ist mit dreizehn Geschossen der Pfeiler in dem Baukomplex, der die Form eines Z hat. Staunend hatten die Frankfurter, die seinerzeit noch weit vom hochhausgestählten Gleichmut unserer Tage entfernt waren, die Baustelle belagert. Man denke: Bis zum Richtfest wurden Zementmengen, mit denen man 100 Mainschiffe hätte beladen können, und Stahl wie für ein 300 Meter langes Eisenbahngleis verbaut! Da vergaßen viele wohl die alte fürstliche Residenz und fühlten sich lieber als Teilhaber der modernen Zeit.

Das Fernmeldehochhaus

Das Wahrzeichen des aufstrebenden Frankfurt, stilistisch Chicagoer Vorbildern verpflichtet, machte einigen Stadtbild-Ästheten allerdings auch Magenschmerzen. Besonders störend, urteilte ein Zeitungschronist schon 1952 angesichts des Modells, wirke der Komplex für den Eschenheimer Turm, der gegenüber der mächtigen Stahlkonstruktion nur schlecht zur Geltung komme. Mindestens ebenso schwer werde ein weiteres altes Bauwerk durch die Neubauten der Oberpostdirektion beeinträchtigt, die Kopfbauten des einstigen Palais nämlich. Dazu spendete der Autor dann aber den Trost, einen gewissen Ausgleich werde der Durchbruch von der Großen Eschenheimer zur Schillerstraße schaffen, der eine „platzartige Erweiterung“ bilden solle.

Damit war es freilich nicht weit her. Das ehedem schöne alte Portal kommt heute allenfalls von der Lorey-Passage aus ein wenig zur Geltung, ansonsten ist die städtebauliche Situation unbefriedigend. Die Schalterhalle hinter dem Palais-Eingang wird vom Bundespost-Nachfolger Telekom nicht mehr genutzt, ebenso wenig die Hauptpost an der Zeil, und was mit dem Gelände, einem Filetstück der City, geschehen soll und wer sich dafür interessieren ließe, ist seit längerem eine Frage ohne Antwort. Die Telekom erwägt den Abriss des ersten Frankfurter Hochhauses – Architekturen der fünfziger Jahre gelten hier nicht viel –, weiß aber nicht, wohin mit den vielen Tonnen oder Kilometern Kabel. Die Stadt wünscht sich bei Arrondierung und neuer Nutzung eine Passage zwischen Schillerstraße und Zeil über das Schlossgrundstück hinweg, um „dem Bürger“ ein Stück vom einstigen fürstlichen Gelände zukommen zu lassen.

Jörg Kauffmann

1958: Der Frankfurter Zoo erwirbt Gelände zur Erweiterung

Jubiläum und mehr Platz für Tiere

Es wäre wahrscheinlich eine verständliche Entscheidung gewesen. Der Zoo war ein Ruinenfeld. Die meisten Gehege waren bei der Bombardierung Frankfurts zerstört worden, nur wenige Tiere hatten den Krieg überlebt. Und die amerikanische Besatzungs-Regierung wollte den Tiergarten auflösen. Schließlich waren 80 Prozent der Wohnungen zerstört, die Menschen hungerten. Und vielleicht hätte man in ein paar Jahren einen größeren Zoo an anderer Stelle errichtet. Polizeipräsident Bernhard Grzimek aber, der sich aus dem Rathaus heraus um die übriggebliebenen Affen und ein verwaistes Nilpferd kümmerte, ließ sich nicht beirren. Er machte sich nicht nur daran, aus dem Tiergarten mit seinem winzigen Bestand eine neue Attraktion für anfangs

Ein zerstörtes Säugetierhaus

10 000 Besucher zu machen. Schon 1945 plante Grzimek, gerade zum Zoodirektor bestellt, den kleinen Innenstadtzoo zu erweitern.

Es sollte noch bis ins Jubiläumsjahr 1958 dauern, als der Zoo sein hundertjähriges Bestehen feierte, bis der Tiergarten nahezu restlos das zusätzliche Gelände erworben hatte, das ihm seine heutige Größe gibt. Aber Grzimek trieb seine Pläne entschlossen voran, manchmal mit sehr unkonventionellen Methoden. Nach der Devise, erst einmal handeln, ohne lange zu fragen, sperrte er in den ersten Wochen nach Kriegsende die Thüringer Straße, die den Zoo vom Trümmerfeld im Osten trennte und noch heute altes und neues Gelände markiert, mit Schildern für den Straßenverkehr. Fußgängern blieb zunächst noch ein schmaler Durchgang, 1950 wurde auch dieser vom Zoo geschlossen. Amtlich wurde dieser Akt erst ein Jahr später.

Im Dezember 1951 genehmigten Magistrat und Stadtverordnetenversammlung auch die Erweiterung des Tiergartens. Allerdings nicht in der Größe, wie Grzimek erhofft hatte. Es blieben am Ende nur drei Hektar Erweiterungsfläche übrig, so groß waren die drei an den Zoo angrenzenden Häuserviertel, die von den Bomben weitgehend zerstört worden waren. Der Erwerb der Grundstücke gestaltete sich schwierig, die Verhandlungen waren ermüdend und oft zäh. Bei einzelnen Grundstücken mussten bis zu 25 zum Teil in Amerika verstreut lebende, gemeinsame Besitzer ausfindig gemacht und von allen das Einverständnis erwirkt werden. In Kellern und Ruinenresten waren Menschen eingezogen, die nun anderweitig untergebracht werden mussten. Für 15 Parteien eines baufälligen Hauses galt es, Ersatzwohnungen zu schaffen. 1959 standen auf dem Gelände immer noch fünf randständige Häuser. Die letzten beiden Gebäude wurden erst 1967 abgerissen.

Auch wenn es so lange dauerte, bis das Gelände endgültig geräumt wurde, die Freianlagen für das neue Affenhaus wurden schon 1959 fertiggestellt. Zehn Jahre später waren der Wiederaufbau des Zoos und der Ausbau der Erweiterung im wesentlichen abgeschlossen. Aus dem Ruinengelände war ein neuer, ein größerer Tiergarten entstanden, der bemerkenswerte Zuchterfolge vorweisen konnte. Und weiterhin Platznot hatte.

Schon kurz nach dem Krieg plante Grzimek, den Innenstadtzoo durch einen Außenpark zu ergänzen, und entschied sich für den Standort Louisa in Sachsenhausen. Bereits 1947 wurde dort mit den Rodungen begonnen. Der Geldmangel des Zoos machte das Projekt zunichte, als nach der Währungsreform die gesamten Rücklagen verfielen. Das Ende der sechziger Jahre initiierte Projekt „Niddazoo", das dem beengten Innenstadtzoo mehr Raum verschaffen sollte, scheiterte ebenfalls. Die ersten Tier-Anlangen, die schon bezogen worden waren, wurden Mitte der achtziger Jahre für die Bundesgartenschau abgerissen. Auch der zuletzt vorgestellte Zielplan des Zoos sieht den Bau eines Außenzoos im Nordwesten der Stadt an der A 5 vor, der einmal afrikanische und asiatische Großtiere aufnehmen soll. Noch ist das Vorhaben allerdings nur Zukunftsmusik. Der jetzige Zoodirektor Christian Schmidt glaubt nicht, dass der „Öko-Zoo" noch während seiner Amtszeit entsteht.

Ulrike Moser

Giraffen- und Antilopenhaus

28. Juni 1959: Die Frankfurter Eintracht wird deutscher Meister

„Ein Thriller, ein unvergessliches Drama"
300 000 feiern elf Helden

Egon Loy, Hans Eigenbrodt, Hermann Höfer, Dieter Stinka, Friedel Lutz, Hans Weilbächer, Richard Kreß, Istvan Sztani, Ekkehard „Ekko" Feigenspan, Alfred Pfaff, Dieter Lindner. Elf Namen, die die Eintracht-Gläubigen noch heute in Verzückung versetzen. Am Sonntag, 28. Juni 1959, hatte der Traditionsverein den deutschen Fußball-Olymp erklommen, war nach einem großartigen Finale und einem 5:3 gegen den Lokalrivalen Kickers Offenbach zum ersten und bis heute einzigen Mal deutscher Meister geworden.

In fünf Oberligen wurden damals die Regionalmeister ermittelt. Diese fünf Mannschaften sowie drei der Vizemeister zogen in die Endrundenspiele um die deutsche Meisterschaft ein, und am letzten Sonntag kam es im Brutofen des Berliner Olympiastadions zum „Traumfinale" zwischen der Eintracht und den Kickers, dem ersten und zweiten der süddeutschen Meisterschaft.

Die Eintracht hatte eine glanzvolle Saison absolviert und war hoher Favorit. In 36 Meisterschafts-, Pokal- und Freundschaftsspielen hintereinander blieben die Riederwälder ungeschlagen. Solisten, Ballkünstler und mannschaftsdienliche Handwerker fügten sich zu einer unschlagbaren Truppe. Zu dem wortkargen und genialen Regisseur Alfred Pfaff, dem antrittsstarken Dribbelkünstler Richard Kreß, dem sachlich-sicheren Torwart Egon Loy, dem Kopfballspezialisten „Ekko" Feigenspan, dem emsigen Dieter Lindner, dem energischen „Stift" Höfer und dem bulligen Hans Weilbächer war noch eine wertvolle Kraft aus dem Ausland gestoßen: der Ungar Istvan Sztani, der selbst die Anhänger der gegnerischen Mannschaft durch sein virtuoses Spiel in Verzücken versetzen konnte.

Was die Männer um Mannschaftskapitän Alfred Pfaff dann an jenem 28. Juni in Berlin vollbrachten, war an Dramatik, verbissenem Kampf und technischer Raffinesse kaum noch zu überbieten. Die 75 000 Zuschauer im Berliner Olympiastadion hatten es sich noch nicht richtig bequem gemacht, da lag die Eintracht schon in Führung. Nach nur 20 Sekunden erzielte Sztani das 1:0. Sechs Minuten später stand es 1:1, nach 13 Minuten führte wieder die Eintracht, und in der 22. Minute glichen die Kickers abermals aus. Bei diesem Spielstand blieb es, trotz einer von beiden Seiten verbissen geführten Partie, bis zur 90. Minute.

Verlängerung! Durch einen – zumindest aus Sicht der Offenbacher Fans – umstrittenen Elfmeter ging die Eintracht abermals in Führung, setzte noch eins drauf, die Offenbacher schafften noch einmal den Anschluss, bevor Feigenspan für den 5:3 Endstand sorgte. Die meisten Beobachter waren sich einig, dass die Offenbacher das Spiel genauso hätten gewinnen können wie die Frankfurter. Bundestrainer Sepp Herberger äußerte die Ansicht, den Kickers habe in den 120 Minuten nur das nötige Glück zum ganz großen Erfolg gefehlt. Ein Stück Fußballgeschichte schrieben beide Vereine. Die Zeitschrift „Der Sport" urteilte: „Das deutsche Fußball-Endspiel 1959 war ein Thriller, ein erregendes, sportliches Drama. Die Unverbrauchtheit der Jugend Eintrachts triumphierte über die Erfahrung Offenbachs."

Bei ihrer Rückkehr nach Frankfurt lag den elf Helden von Berlin eine ganze Stadt zu Füßen. Bis zu 300 000 Menschen, so heißt es, jubelten der Mannschaft von Trainer Paul Osswald zu, die Begeisterung erreichte südamerikanische Dimensionen. Die Polizei gab den Versuch, die Menge zurückzuhalten, irgendwann einfach auf. Tausende drängten am Bahnhofsvorplatz in Richtung von Mannschaftskapitän Alfred Pfaff, als dieser die Meisterschaftsschale hochhielt. Auf zwei sechsspännigen Brauereiwagen rollte die Mannschaft im Triumphzug durch die Kaiserstraße, über die Hauptwache und den Liebfrauenberg bis zum Römer, wo Oberbürgermeister Werner Bockelmann (SPD) die Spieler in Empfang nahm. „Seit der letzten Kaiserkrönung hat sich ähnliches hier bestimmt nicht abgespielt", mutmaßten Beobachter. Zur Meisterschaftsfeier im Zoo-Gesellschaftshaus erschienen überraschend die Mainzer Hofsänger und schmetterten „So ein Tag, so wunderschön wie heute".

Ein Jahr später riss der deutsche Meister ganz Fußball-Europa zu Jubelstürmen hin. Im Halbfinale um den Europapokal der Landesmeister schlug die Eintracht den schottischen Meister Glasgow Rangers zuerst mit 6:1 im Waldstadion und im Rückspiel in Schottland noch einmal mit 6:3. Im Finale unterlagen die Riederwälder Real Madrid mit 7:3; Puskas erzielte vier Tore für die Spanier, Di Stefano steuerte die anderen drei bei. Der Eintracht blieb die Genugtuung, ihren Teil zu einem Endspiel beigetragen zu haben, das nach Ansicht von Fachleuten zu den besten aller Zeiten gehört. In solche Höhen hat sich der Verein seitdem – leider – nie wieder emporgeschwungen.

Ralf Euler

Deutscher Meister Eintracht Frankfurt

Triumphzug eines amerikanischen Freundes

Präsident John F. Kennedy wählte mit Bedacht die Frankfurter Paulskirche für seinen Appell an die „atlantische Generation"

Die ersten waren, stullenbepackt und kamerabewehrt, schon in den frühen Morgenstunden gekommen. Zur Mittagszeit zählt die Menge hinter den Absperrungen auf dem Römerberg nach Tausenden. Zehntausende sind es schließlich, die am Nachmittag armereckend und fähnchenschwenkend in orkanartige, rhythmische Jubelrufe „Ken-ne-dy, Ken-ne-dy"

Menschenmassen erwarten Kennedy

ausbrechen, als der 35. Präsident der Vereinigten Staaten von Amerika in seiner schwarzen Lincoln-Limousine stehend und winkend unter dem Läuten der Domglocken vom Mainufer her zum Rathaus fährt.

Der 25. Juni 1963 sollte ein historischer Tag werden: John F. Kennedy selbst hatte neben Bonn und Berlin Frankfurt als Station seines Deutschland-Besuchs gewählt, um auf dem historischen Boden der Paulskirche eine Grundsatzrede zum europäisch-amerikanischen Verhältnis zu halten. Sie sollte aus Sicht des Besuchers politischer Höhepunkt der Reise sein – wenn auch im kollektiven Gedächtnis der Besuchten eher sein auf deutsch gesprochener Satz „Ich bin ein Berliner!“ vor dem Schöneberger Rathaus der damals geteilten Stadt haften geblieben ist.

Gut zwei Stunden hält Kennedy sich an jenem Dienstag in Frankfurt auf. Von Hanau kommend, wo er amerikanische Streitkräfte besucht hat, fährt er mit dem hessischen Ministerpräsidenten Georg August Zinn (SPD) und Vizekanzler Ludwig Erhard (CDU) im offenen Wagen und mit zwei Dutzend weiteren Fahrzeugen für den Begleittross im Schlepptau über die Hanauer Landstraße am Mainufer entlang zum Römerberg. Auch diese Fahrt gerät, wie die ganze Deutschland-Reise, zum Triumphzug. Stundenlang haben auch die Frankfurter am Straßenrand für die wenigen Sekunden ausgeharrt, in denen der amerikanische Gast an ihnen vorbeifährt.

Im Rathaus empfängt ihn Oberbürgermeister Werner Bockelmann (SPD), hier trägt sich Kennedy im Kaisersaal unter dem Porträt Karls des Großen ins Goldene Buch der Stadt ein, und vor dem Rathaus wendet er sich an die Frankfurter. Bockelmanns Vorschlag, Kennedy solle vom Balkon des Römer aus sprechen, hatte das amerikanische Vorauskommando Anfang Mai schon verworfen: Der Präsident liebe es nicht, so hoch über dem Volk zu stehen, ein kleines Podium vor der Rathaustür wäre ihm lieber, hatte Kennedys Pressechef Pierre Salinger die Frankfurter Obrigkeit seinerzeit wissen lassen.

Und der hessische Ministerpräsident bekommt die Ungeduld der Frankfurter Bürger, den amerikanischen Präsidenten zu hören, bei seiner Begrüßungsrede am eigenen Leib zu spüren: „Schluss“ und „aufhören“ schallt es nach einigen Sätzen Zinns aus der Menge, und wiederholte „Kennedy“-Rufe zwingen ihn schließlich dazu, seine ohnehin kaum mehr hörbare Ansprache abrupt zu beenden. Kennedy hat die Lacher rasch auf seiner Seite. Auf dem ganzen Weg von Hanau hierher habe ihm der Ministerpräsident gesagt, wer der SPD angehöre, und der Vizekanzler, wer der CDU angehöre: „Ich bin zwar schon drei Tage in diesem Lande, aber ich muss gestehen, ich kann immer noch nicht den Unterschied feststellen, aber ich hatte das Gefühl, alle sind Freunde.“ Er würdigt den Wiederaufbau: Als frischgebackener Kongressabgeordneter sei er 1948 schon einmal in Frankfurt gewesen. Aus dem Vergleich des Bildes vor 15 Jahren mit der Gegenwart leitet er ab, „was die Bürger dieser Stadt alles geleistet haben“. Außerdem erinnert er an die vielen Frankfurter, die vor hundert und mehr Jahren nach Amerika ausgewandert sind. Ein Dolmetscher übersetzt die Worte, und jedes mal brandet tosender Beifall auf.

Kennedy trägt sich in das Goldene Buch der Stadt ein

Als Kennedy dann auf dem Weg zur Paulskirche unvermutet und zum Entsetzen von Protokoll- und Sicherheitsbeamten nach rechts schwenkt, um an der nur mühsam aufrechterhaltenen Absperrung Hände zu schütteln, kennt der Jubel keine Grenzen mehr. Einige Gitter fallen, der Präsident verschwindet für einen Moment in der Menge, die oberste Kommandostelle der Polizei verliert ihn gar für einen Augenblick aus den Augen. Eine Woge der Begeisterung trägt ihn in die Paulskirche, wo er sich an die Welt wendet.

An der „Wiege der deutschen Demokratie", wie der Präsident den Tagungsort des ersten frei gewählten Parlaments in Deutschland nennt, beschwört Kennedy die „atlantische Generation", die eine offene Gemeinschaft der Freien bilden möge, und ruft Europa zur Einigkeit mit Amerika auf. Nur ein vollkommen zusammenhängendes Europa könne vor der Zersplitterung der Allianz schützen. Und dann ein im geteilten Deutschland zwei Jahre nach dem Mauerbau dankbar beklatschter Satz: „Der Friede in Europa ist niemals vollständig, ehe jedermann Selbstbestimmungsrecht hat."

Über Untermainbrücke, Schaumainkai und die damalige Forsthausstraße geht es anschließend zum Waldstadion. Von dort aus fliegt Kennedy im Hubschrauber zu Empfang und Übernachtung nach Wiesbaden, bevor es nach Berlin weitergeht. In Frankfurt, wo mehr als 1700 Polizisten im Einsatz gewesen sind, ist man zufrieden. Zwischenfälle hat es nicht gegeben. Das Rote Kreuz meldet 250 Einsätze bei Ohnmachten, Prellungen oder Quetschungen.

Nur fünf Monate später versammeln sich wieder Tausende für Kennedy auf dem Römerberg: Der Präsident ist am 22. November 1963 auf der Fahrt im offenen Wagen durch das texanische Dallas ermordet worden. In Frankfurt trägt seither die Forsthausstraße den Namen Kennedyallee. An der Paulskirche erinnert seit 1966 ein Steinrelief mit einem Zitat Kennedys an den Besuch: „Niemand soll von dieser unserer atlantischen Generation sagen, wir hätten Ideale und Visionen der Vergangenheit, Zielstreben und Entschlossenheit unseren Gegnern überlassen."

Ulrich Adolphs

Oper und Schauspiel hinter kantiger Nüchternheit

Fassadenpracht des einstigen Schauspielhauses muss einer Theaterdoppelanlage weichen

Es gab auch in Frankfurt die „Goldenen Zwanziger" des Theaters. Sie sind für ein Jahrzehnt mit dem Namen des Regisseurs und Intendanten Richard Weichert verknüpft. Er kam aus Mannheim und ging nach Berlin; dazwischen lag am Main eine experimentierfreudige Zeit für Zeitgenössisches, die Frankfurt mit der Hauptstadt Berlin konkurrieren ließ. Dank guter Adressen: Die Halb-Millionen-Stadt besaß neben Weicherts Städtischem Schauspiel auch das renommierte Neue Theater Arthur Helmers, das Neue Operettentheater im Westend und nicht zuletzt das Schumann-Theater am Hauptbahnhofsvorplatz, das zu den besten Varieté-Bühnen der Republik gehörte. Dessen Gebäude mit seiner pompösen Doppelturmfassade überstand den Zweiten Weltkrieg zumindest äußerlich einigermaßen unversehrt – Grund genug für Nachkriegsstadtväter, es der damaligen „Modernität" zuliebe abzureißen. Heute steht zwischen Taunus- und Karlstraße eine belanglose Büroarchitektur.

Ähnliches gilt für das Schauspielhaus von 1902. Zwar wurde das Bühnenhaus des stilistisch dem älteren Opernhaus (Alte Oper heute) nachempfundenen Prachtbaus Anfang 1944 ausgebombt. Doch die erhaltene Substanz reichte aus, die Ruine an der Untermainanlage zunächst wieder

Das Frankfurter Schauspielhaus

aufzubauen und im Dezember 1951 als „Großes Haus" gemeinsam für Oper und Schauspiel zu eröffnen. Dies beendete für die Bühnenfreunde die Provisorien im Börsensaal und in einer Sachsenhäuser Turnhalle, die als Unterkunft für ein bescheidenes Komödienhaus dienen musste. Im „Großen Haus" trugen fortan Generalintendant Harry Buckwitz mit umstrittenen Brecht-Inszenierungen und der spätere Stardirigent Georg Solti als Generalmusikdirektor zur Mehrung des kulturellen Ruhms der Kaufmannsstadt Frankfurt bei.

Das „Große Haus" genüge, vor allem technisch, nicht mehr lange den Anforderungen eines anspruchsvollen Betriebs, hieß es in diesen Glanzzeiten. Auf dem Areal sei Platz genug für ein zusätzliches – vom Opernspielplan unabhängiges – Schauspielhaus, fanden Hochbauamt und Kulturdezernat heraus. Nur sollte dies gleichzeitig das Ende der erhalten gebliebenen Fassadenpracht bedeuten. Das Frankfurter Architektenbüro Apel bekam den Auftrag, die funktionale Einheit aus Opernhaus und großer Schauspielbühne im Stil der Zeit herauszuarbeiten. Der Name „Theaterdoppelanlage" benannte durchaus kongenial die kantige Nüchternheit der beiden Bühnenhaus-Klötze und der schier endlosen Rasterfront, die sich (links der Eingang ins Schauspiel, rechts der in die Oper) entlang der Straße Am Schauspielhaus erstreckte.

1963 war Eröffnung; rückseitig hatte man zusätzlich das Kammerspiel mit dem Eingang an der Hofstraße untergebracht. Der neue Komplex beanspruchte ungefähr doppelt soviel Platz wie der Vorgänger. Die kleine Spielstätte verfügte über 200, das Schauspiel über 900, die Oper über 1430 Plätze. Die beiden großen Spielstätten waren durch ein gemeinsames Foyer verbunden. Marc Chagall malte für den ungewöhnlich langen Pausenlaufsteg groß die Welt der „Comedia del'arte", Zoltan Kemeny hing über den Köpfen der Besucher seine „Goldwolken" auf. So bekam der Raum einen Halt, und die Decke verlor an Höhe.

Bühnentechnisch zeigte sich die Theaterfabrik ungemein fortschrittlich und für die damalige Zeit wohl beispielhaft organisiert, mit üppigem Platz für alle und jedes: für Werk-

Probe im neuen Schauspielhaus, 1963

stätten und Magazine, Intendanz und Direktion. 1985 erlebte das Schauspiel den wohl größten Theaterskandal der Bundesrepublik, als jüdische Bürger die Bühne besetzten und damit die Uraufführung des Stücks „Der Müll, die Stadt und der Tod" von Rainer Werner Fassbinder verhinderten. Zwei Jahre danach ging zum Entsetzen der vor und hinter den Kulissen wirkenden Ensembles und der Frankfurter in einer Novembernacht die Bühne der Oper in Flammen auf. Nach dem verheerenden Brand stellte das Schauspiel seine Einrichtungen dem Musiktheater zur Verfügung und zog in das frühere Bockenheimer Straßenbahndepot um. Die Katastrophe hatte, wie sich schnell ergab, nichts mit Politik und Protest zu tun. Die Polizei nahm einen jungen Mann in Haft. Der wohnsitzlose Brandstifter war auf der Suche nach Essbarem in die Städtischen Bühnen eingedrungen. Nach drei Jahren konnte der Spielbetrieb wieder aufgenommen werden, hob sich der Vorhang zum nächsten Akt.

Jörg Kauffmann

Beim Auschwitz-Prozess von 1963 bis 1965 ist die Vergangenheit wieder gegenwärtig

20 Angeklagte – „Boger hat das Kind gegen die Wand geschmettert"

Es gab viele Möglichkeiten, in Auschwitz zu sterben. „Alle zum Tode Verurteilten wurden in den Waschraum gebracht. Man fesselte ihnen die Arme nach hinten. Durch Jakob, den Funktionshäftling, wurden sie über die Treppe aus dem Waschraum geführt, direkt vor die Todeswand, mit dem Gesicht zur Wand, einen bis zwei Meter voneinander entfernt. Dann näherte sich der Erschießende, führte den Karabiner direkt an das Genick und schoss aus einer Entfernung von zehn Zentimetern."

– „Es war ein sehr hübsches Mädchen, eine Slowakin von 20 oder 21 Jahren. Da war irgend etwas mit einem Liebesbrief." Sie musste sich nackt zur Wand stellen, dann wurde

Der Auschwitz-Prozess

so getan, als wolle man sie erschießen, immer wieder wurden Kommandos gegeben. „Sie ist tausend Tode gestorben. Sie war am Schluss so fertig, dass sie auf den Knien gefleht hat, man möge sie erschießen. Schließlich wurde sie ja auch erschossen. Alles wegen eines Papierschnipsels."

– „Da hat man jüdische Kinder nach Auschwitz gebracht. Ein Lastwagen kam und hielt vor der Politischen Abteilung. Da ist ein kleiner Junge heruntergesprungen. Das Kind stand neben dem Wagen mit seinem Apfel und hat sich so amüsiert. Da ist Boger zu dem Kind gegangen, hat es bei den Füßen gepackt und mit dem Kopf gegen die Wand geschmettert. Dann hat er ruhig den Apfel aufgenommen. Und Draser hat zu mir gesagt, ich soll ‚das' abwischen an der Wand."

Zeugenaussagen im April 1964. Die Vernichtungsmaschinerie, tausend Kilometer und zwei Jahrzehnte weg, ist wieder ganz und gar gegenwärtig. Wenn sie vom Auschwitz-Prozess in Frankfurt hören, hören viele Deutsche zum ersten Mal in aller Eindringlichkeit, was Deutsche vor 1945 anrichteten. Die Justiz hat sich Zeit gelassen, sich der Täter anzunehmen, und wäre nicht der resolute Frankfurter Staatsanwalt Fritz Bauer gewesen, der durch einen Zufall auf belastende Unterlagen stieß – vielleicht wären sie niemals angeklagt worden. So aber sitzen am 20. Dezember 1963 20 Männer auf der Anklagebank, die an unterschiedlichen Stellen im Lager gearbeitet hatten. Die drei Kommandanten stehen nicht vor Gericht – zwei sind schon 1947 in Polen zum Tode verurteilt und hingerichtet worden, der dritte stirbt ein halbes Jahr vor Prozessbeginn in Untersuchungshaft. Bis zur Urteilsverkündung am 19. August 1965 werden 359 Zeugen gehört, die aus 19 Ländern kommen. Schließlich verurteilt das Gericht sechs Männer wegen Mordes in fünf bis 475 Fällen zu lebenslänglicher Haft und elf zu befristeten Freiheitsstrafen. Drei werden freigesprochen.

Der Prozess macht, wie später die juristische Aufarbeitung der DDR-Diktatur, die Grenzen der Justiz bei der Aufarbeitung von Verbrechen deutlich, die von einem Unrechtsstaat begangen wurden. Nicht das Verbrechen von Auschwitz insgesamt, geschweige denn der Holocaust in seiner ganzen

Tragweite steht vor Gericht, vielmehr eine Reihe von unscheinbaren Bürgern, denen individuelle Schuld an konkreten Vergehen nachgewiesen werden muss. Wenn sie in den Pausen rauchend herumstehen, lassen sie sich kaum unterscheiden von den Zuschauern, den vielen Journalisten, und sie behaupten, sie hätten von nichts gewusst, oder reden, wenn ihnen Taten nachgewiesen werden können, von Befehlsnotstand.

Die Verhandlungen finden zunächst im Römer statt, dort, wo sonst die Stadtverordneten tagen, später im gerade fertiggestellten Haus Gallus an der Frankenallee. Ausführlich berichten Rundfunk und Zeitungen. „Der Angeklagte Boger lächelt. Der ehemalige SS-Oberscharführer, der gefürchtetste Gestapomann des Konzentrationslagers Auschwitz, den die Häftlinge den ‚Tod von Auschwitz' nannten, scheint sich zu amüsieren, wenn ihm die Zeugen die verübten Grausamkeiten ins Gedächtnis zurückrufen." So beginnt am 23. März 1964 ein Bericht über den Prozess in der F.A.Z., einer von wohl an die 200.

Es zählt zum besseren Teil des Erbes der früheren rot-grünen Koalition in Frankfurt, dass die Stadt in den neunziger Jahren ein Institut zur Erforschung und Vermittlung des Nationalsozialismus einrichtete, das den Namen Fritz Bauers trägt. Zu den vornehmsten Aufgaben der Mitarbeiter zählt, die Geschichte des Prozesses und die Geschichte von Auschwitz aufzuarbeiten. Dazu gehört auch, die auf Tonbändern erhaltenen Aussagen während der Verhandlungen aufzuschreiben und zu veröffentlichen. Während sich in der Bevölkerung zunehmend der Gedanke ausbreitete, mit der Erinnerung an den Nationalsozialismus müsse Schluss sein, konnten sich die Opfer nicht aus der Geschichte davonstehlen. Für sie blieb Auschwitz Gegenwart, wie die Aufnahmen zeigen. Der Zeuge Josef Glück wird gehört. Frage des Senatspräsidenten Hans Hofmeyer: „Sie sind der einzige von all denen, die Sie gekannt haben, der übrig blieb?" Ein Moment der Stille im Saal. Dann ist leise zu hören: „Ja."

Manfred Köhler

10. September 1966: Cassius Clay boxt im Frankfurter Waldstadion

„Gute Nacht, Mr. Mildenberger"

Für Karl Mildenberger war es der Abend der Abende. Der Abend, an dem er in die Geschichte des Boxsports einging. Und das, obwohl er am Ende eine deutliche Niederlage einstecken musste. Und doch war er fortan nur noch „Karl der Große", der sich so tapfer und mutig gegen den „Größten aller Zeiten" geschlagen hatte, an jenem Abend im Frankfurter Waldstadion.

Für Cassius Clay, Boxweltmeister aller Klassen und eine der umstrittensten Persönlichkeiten der damaligen Sportwelt, war der Kampf gegen den deutschen „Nobody", der immerhin den Titel des Europameisters trug, nicht viel mehr als eine lästige Pflicht. Kaum hatte er sich auf den Fight eingelassen, musste Clay sich von den amerikanischen Sportjournalisten, die ihn wegen seiner politischen Aussagen und seines Kampfes gegen den Vietnamkrieg („No Vietcong ever called me Nigger") ohnehin immer wieder heftig kritisierten, einiges anhören. Von Zeitverschwendung war die Rede und davon, dass der Deutsche kein Gegner, sondern eher ein Opfer sei. Die „Herald Tribune" schloss eine ihrer Glossen gar mit den Worten: „Gute Nacht, Mr. Mildenberger, wer auch immer Sie sein mögen."

Aber auch die deutschen Boxexperten waren nicht sonderlich optimistisch. Zweieinhalb Wochen vor dem Kampf schrieb beispielsweise die F.A.Z., der Fight werde die Zeit der Zuschauer wohl nicht über Gebühr in Anspruch nehmen. Dreieinhalb Minuten bis zum K.o. – länger traute man Mildenberger nicht zu. „Wenn es Cassius Clay ins Konzept passt, beendet er die Welttitelhoffnungen des Deutschen schon bald nach dem ersten Gong." Im Gegensatz zu dem kurzen „Gemetzel" erschienen die Vorbereitungen für das große Ereignis um so gigantischer. Für den „Größten" wurden tatsächlich allergrößte Anstrengungen unternommen. Den Boxring schaffte man eigens aus London heran. Er war einige Monate zuvor nach Clays Wünschen gebaut worden, in ihm hatte der Amerikaner im Mai den Briten Henry Cooper blutig und kampfunfähig geschlagen. Aber es gab noch ganz andere Schwierigkeiten: Die gesamte Spielfläche des Waldstadions musste mit einem Holzboden abgedeckt werden. Und so wurden 9000 Quadratmeter Holzplanken und 6000 Stühle in sechs großen Lastzügen aus Hannover nach Frankfurt gebracht. Als Ordnungsdienst wurden 200 Männer der Wach- und Schließgesellschaft verpflichtet.

Gut zwei Wochen vor dem Kampf kommt Clay – oder besser Muhammad Ali, wie er sich inzwischen nennt – nach Frankfurt. Mit seinem Trainer, zwei Sparringspartnern, einem Masseur, einem eigenen Fotografen, zwei persönlichen Beratern und seiner Mutter Odessa quartiert er sich im Hotel Intercontinental ein – in eine riesige Zimmerflucht mit Blick auf den Main. Alle paar Tage gibt er eine Pressekonferenz, und als er auf der Zeil zur Autogrammstunde aufkreuzt, kommt es zu einem Massenauflauf.

Dann ist er endlich da, der 10. September 1966, der Tag der Entscheidung: 25 000 Zuschauer sind ins Waldstadion gekommen. Die meisten auf billigen Stehplätzen, ganz nah am Ring Prominenz aus aller Welt: Neben den ehemaligen Schwergewichtsmeistern Joe Louis und Max Schmeling sitzen auch Filmstars wie Jean-Paul Belmondo und Ursula Andress, die noch kurz vor dem Kampf Autogrammwünsche erfüllen. Als der erste Gong ertönt, schlägt „Mildes“ große Stunde. Die Unerschrockenheit des Deutschen beeindruckte Clay sichtlich, und der Weltmeister muss einiges tun, um sich den aggressiven Europameister vom Leib zu halten. Elf Runden hält Mildenberger, der zwischenzeitlich dreimal kurz zu Boden geht, durch. 34 und eine halbe Minute lang. Mit „bewundernswertem Mut“ und „achtunggebietender Moral“, wie es am nächsten Tag in den Zeitungen heißt, kämpft er um seine winzige Chance, dem übermächtigen Gegner den Weltmeistertitel abzujagen – bis zur zwölften Runde. Da beendet ein platzierter rechter Konterschlag Clays den Kampf. Mildenberger taumelt, lässt die Arme sinken – und Ringrichter Teddy Waltham aus England bricht den Fight ab. Blutüberströmt musste sich Karl Mildenberger dem übermächtigen Gegner beugen, doch er wurde gefeiert, als sei er als Sieger aus dem Ring gestiegen. Die befürchtete Farce war ausgeblieben. Der Herausforderer hatte alle Pessimisten und Kritiker Lügen gestraft – und sich nicht nur seine 153 000 Mark Gage, sondern auch einen Ehrenplatz in den Annalen des deutschen Boxsports verdient.

Peter Badenhop

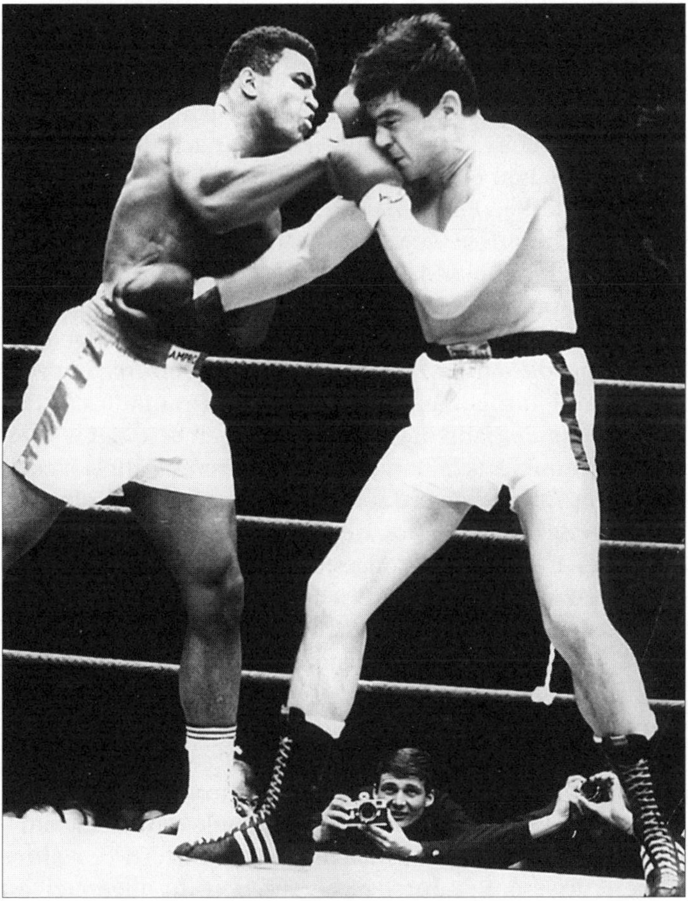

Der Kampf

1968: Eröffnung der ersten U-Bahn-Strecke in Frankfurt

Ein langer Tunnel für eine wichtige Stadt – Erhebliche Konsequenzen für das Stadtbild

In einer längst versunkenen Epoche der Nachkriegszeit war der Bevölkerungszuwachs der Stadt vorübergehend so hoch, dass einige Frankfurter, vor allem politisch-planerisch tätige, sich auf dem Weg zur Millionenstadt wähnten. Glücklicherweise war dieser trügerische Gedanke nicht die ausschlaggebende Ursache für den U-Bahn-Bau, mit dem Frankfurt seit 1961, als im Römer der Grundsatzbeschluss gefasst wurde, beschäftigt ist – andernfalls wäre im nachhinein von einer gigantischen Fehlplanung zu reden. Nein, die überproportional starken Pendlerströme in die Stadt hinein und aus ihr wieder hinaus bewogen die Rathauspolitiker, das Schienenverkehrsmittel aus den mehr und mehr überlasteten Straßen herauszunehmen und abschnittweise in den Untergrund zu verlagern. So war es eine prinzipiell richtige Entscheidung, die anderthalb Jahrzehnte später durch die Verkehrs- und Tarifgemeinschaft mit den S-Bahnen der damaligen Bundesbahn in größerem Rahmen bestätigt wurde. Freilich: Frankfurts U-Bahn-Bau, das waren anfänglich auch finanzielle Abenteuer und anfechtbare planerische Lösungen.

Ein großes Volksfest feierte Frankfurt, damit zur dritten deutschen U-Bahn-Stadt aufgestiegen, als am 4. Oktober 1968 der erste Zug in die unterirdische Station Hauptwache einfuhr. Fast 100 000 waren am ersten Tag auf der neuen Schienenstrecke zwischen Innenstadt und Nordwestzentrum unterwegs. Eine Art Weltstadtgefühl machte sich breit: Eine Tunnelbahn haben halt nur wichtige Städte. Der Stolz wich schnell der Ernüchterung, als sich herausstellte, was außerhalb des Citytunnels die oberirdische Führung der Stadtbahn entlang der Eschersheimer Landstraße bedeutete – ein Stadtteil wurde zerschnitten durch die von Gittern bewehrte Schienentrasse. Nur durch diese Abschottung aber, hieß es, lasse sich die kurze Fahrzeit erreichen, die man für den

Pendlerverkehr zwischen Außenbezirken und Stadtkern benötige. Ein Dilemma, das im Grundsatz bis heute nicht beseitigt werden konnte.

Das in den sechziger Jahren beabsichtigte U-Bahn-Netz wurde im Laufe der Realisierung durch zahlreiche Umplanungen verändert. Immerhin gab es beim zweiten Ausbauabschnitt, der 1980 eröffneten Strecke zwischen Hauptbahnhof und Bornheim, den ersten echten U-Bahn-Betrieb – ein Tunnel von Anfang bis Ende. So wiederholte sich zwar das Eschersheim-Debakel nicht. Aber gleichzeitig hatte sich die Stadt die Möglichkeit buchstäblich verbaut, auch Straßenbahnlinien in die Röhre ein- und ausfahren zu lassen. So gut wie hinfällig war die Prämisse des U-Bahn-Stadtrats Walter Möller, während einer Übergangszeit die Tunnelstrecken über Rampen mit dem herkömmlichen Netz zu verknüpfen, um das bei der Bevölkerung weitgehend – und bis heute – unbeliebte Umsteigen zu vermeiden. Erst in jüngster Zeit ist in einem Fall, nämlich mit der Weiterführung der Linie U 5 von der Konstablerwache zum Hauptbahnhof, „gebrochener" Verkehr überwunden worden.

Eröffnung der ersten U-Bahn-Strecke

Der Stadtbahnbau war in Frankfurt nicht zuletzt immer wieder einmal Anlass zu verkehrsideologischen Glaubenskämpfen – hier Tunnelfreunde, dort Trambahnbefürworter. 1985 gründete sich die zum Teil erfolgreiche Bürgerinitiative „Rettet die Straßenbahn“, als die letzten Reste traditioneller Schienenverbindungen zugunsten neuer U-Bahn-Linien gekappt werden sollten. Ein wenig vom Entweder-Oder ist noch zu spüren in der aktuellen Diskussion über die Erschließung des Europaviertels.

Die Maulwurfsgänge des Schienennahverkehrs hatten erhebliche Konsequenzen für das Stadtbild. Gänzlich verkehrsfreie Zonen wie Zeil oder Freßgass' konnten eingerichtet werden, die gerade erst vollendete Neugestaltung der Mainzer Landstraße von der Alten Oper zum Platz der Republik ist die späte Folge der umstrittenen Stilllegung der Straßenbahnlinie 12. Andererseits bieten neuere Stadtbahnstationen vorzeigefähige Architektur, am beispielhaftesten wohl der U-Bahnhof Messe.

Alles in allem verschlang der Frankfurter U-Bahn-Bau Milliarden. Erst als das deutsche Gemeindeverkehrsfinanzierungsgesetz in Kraft trat, das derartige Verkehrsbauten kräftig aus Mineralölsteuereinnahmen subventioniert, konnten die Stadtkämmerer wieder ruhiger schlafen.

Jörg Kauffmann

Im bürgerlichen Westend wird mobil gemacht

Hausbesetzungen gegen Spekulation und die Umwandlung des Wohnquartiers

Das Manifest war kurz und hing, auf ein Bettlaken gemalt, am Balkon: „Wir haben dieses Haus besetzt, weil die Wohnungen seit langem leerstehen, weil die Wohnungen systematisch zerstört wurden. Für den Eigentümer ist das Haus ein Spekulationsobjekt, für uns ist das Haus dringend benötigter Wohnraum." Der Frankfurter Haus- und Grundbesitzerverein nannte die erste Besetzung eines Wohngebäudes in Frankfurt, die von jungen Studenten und Arbeitern an einem Samstag im September 1970 nach englischen und holländischen Vorbildern im Handstreich realisiert und propagiert worden war, einen „Terrorakt." Die Aktionsgemein-

Hausbesetzung in der Bockenheimer Landstraße

schaft Westend, die sich schon seit Jahren gegen die fortschreitende Veränderung des bürgerlichen Wohnbezirks in ein von der offiziellen Frankfurter Stadtplanung gewünschtes „City-Erweiterungsgebiet" vergeblich publizistisch gewehrt hatte, sprach von einem wirksamen Zeichen gegen Spekulation und meinte, die Besetzung zeige, wie Haus- und Grundbesitz „im Interesse der Bevölkerung effektiv genutzt werden sollte". Die Volkshochschule entdeckte gar einen „bildungspolitischen Modellversuch" und setzte Hoffnungen in Diskussionsveranstaltungen und Seminare im besetzten Haus.

Aus der Distanz der Jahre lässt sich sagen, dass die Hausbesetzung in der Eppsteiner Straße, der noch viele folgten und die zum Fluchtpunkt zahlreicher Linien stadtplanerischen Umdenkens wurde, ein außerordentlich geschickt kalkulierter Rechtsbruch war. Vergebens warnte der seinerzeit als FDP-Mitglied für den hessischen Landtag kandidierende Amtsrichter Otto Pulch, „einfach auf der Woge der Emotionen, die sich teilweise in Sympathien für die Hausgemeinschaft ausdrücken, mitzuschwimmen."

Die Woge war einfach zu mächtig. Zornig und vermeintlich hilflos hatten die Frankfurter im Westend beobachtet, wie Nachbarn verschwanden, schöne alte Häuser verkamen und dann abgerissen wurden, wie sich ein Stadtviertel mit Vorgärten und schmiedeeisernen Törchen in eine Bürostadt aus Beton und Glas verwandelte. Die Hausbesetzung, mochte sie auch illegal und mit dem üblich gewordenen Soziologendeutsch der Marx- und Engelszungen zu einer revolutionären Tat stilisiert sein, wurde weithin als richtige Antwort auf falsche Politik aufgefasst. Diese hatte bewirkt, dass die Bevölkerung des Westends in dem Jahrzehnt zwischen 1960 bis 1970 von rund 40 000 um fast ein Viertel auf etwa 32 000 reduziert worden war.

Das Zeichen, das mit der Hausbesetzung aller rechtlichen Bedenken zum Trotz gesetzt war, beeindruckte sogar die unmittelbar betroffenen Eigentümer und die Interessenvertretung der Hauseigentümer. Bereits eine Woche nach dem spektakulären Ereignis signalisierten sowohl der Eigentümerverband als auch die Stadtverwaltung Verhandlungsbereitschaft mit den Besetzern. Zugleich begann, was schließlich zum Scheitern der Umwandlungspläne für das Westend führte. Neue Bebauungspläne schränkten die erwarteten Spekulationsgewinne und daher die Spekulation selbst ein. In den folgenden Jahren wurden noch rund zwei Dutzend Häuser besetzt, einige wurden unter schweren Straßenschlachten und Krawallen polizeilich wieder geräumt, und ein endloses Verhandeln um die Legalisierung illegaler Zustände begann. Heute ist der Stadtteil zwar nicht gerettet, er ist durchsetzt mit großen Bürogebäuden, doch ein nicht geringer Teil der Wohnsubstanz, der von der Abrissbirne bedroht war, blieb erhalten. Der Traum vom großzügigen Wohnen für Studenten und Arbeiter hat sich freilich nicht erfüllt, im Westend werden mit die höchsten Mieten in Frankfurt verlangt und bezahlt. Die Ironie der Geschichte mag man darin sehen, dass marxistisch behauchte Studenten es geschafft haben, dass Anwälte, Ärzte und leitende Angestellte, mit einem Wort „der Klassenfeind", nunmehr hübsch wohnen.

Thomas Kirn

Ein grober Klotz rückt dem Dom zu Leibe

1972:
Das Technische Rathaus erdrückt das Areal der einstigen Altstadt

Es war der vielleicht größte planerische Sündenfall in der Frankfurter Nachkriegsgeschichte: der Bau des Technischen Rathauses in der einstigen gotischen Altstadt Anfang der siebziger Jahre. Die abstoßenden Beton-Proportionen dieses Gebäudes, Ausdruck eines städtebaulichen Zeitgeistes, der bewusst davon Abstand nahm, sich in historische Bezüge einbinden zu lassen, dominierten nun da, wo bis zu den verheerenden Bombenangriffen 1944 das Herz der Stadt geschlagen hatte. Grobklotzige Baustrukturen bedrängten die feingliedrige Gestalt des Doms, in dem Könige und Kaiser des Heiligen Römischen Reichs Deutscher Nation gewählt und gekrönt worden waren, thronten bedrückend über einem Gelände, das einmal des alten Frankfurt und des Reiches „gute Stube" war.

Es hatte nicht an Mahnungen, Bitten, Einsprüchen gefehlt, als die Stadtverwaltung sich Ende 1969 entschloss, das Technische Rathaus zu errichten und eine Neugestaltung des seit Kriegsende brachliegenden Bereichs zwischen Dom und Römer in Angriff zu nehmen, damit zugleich Forderungen verwarf, sich baulich an den Linien und Maßstäben der früheren Alstadt zu orientieren. Kritisch wurde in vielen Diskussionsforen über dieses Thema nicht nur von der damals älteren Generation, sondern auch von jüngeren Leuten vermerkt, dass Frankfurt in der raschen Wiederaufbauphase nach 1945 zu stark auf Moderne und Funktionalität fixiert gewesen sei. Auf dem Areal zwischen Dom und Römer müsse die Stadt die Chance nutzen, ein Stück ihrer Geschichte zu beleben. Die Rekonstruktion des historischen Warschau wurde als Vorbild gepriesen.

Eine „Aktionsgemeinschaft Dom-Römerberg" versuchte öffentlichen Druck gegen die Verwaltung zu erzeugen. Den historischen Charakter des Geländes wollte sie gewahrt wissen, lehnte daher den „aufdringlichen" Bau des Technischen

Das Technische Rathaus im Rohbau

Rathauses an dieser Stelle ab. Die Aktionsgemeinschaft beließ es nicht bei Protesten, sondern sammelte Unterschriften gegen das Projekt: rund 20 000 Bürger schlossen sich der Aktion an.

Doch es nützte nichts. Der Magistrat, allen voran der damalige sozialdemokratische Baudezernent Hans Kampffmeyer, hatte sich festgelegt. Der Stadtrat ließ keinerlei Zweifel daran aufkommen, dass eine Wiederherstellung alter Fachwerk-Strukturen mit ihm nicht zu machen sei. „Mit Leidenschaft" wandte sich Kampffmeyer gegen eine Bebauung des Areals mit alter Architektur. Fingerzeige auf den Wiederaufbau zerstörter Altstädte wie etwa in Warschau ließ er nicht gelten. „Wir würden damit unsere Aufgabe verfehlen", argumentierte er unter Hinweis auf die „gesellschaftspolitische" Dimension einer Neugestaltung des historischen Terrains.

Skeptikern versuchte er mit einem anderen Gebäude Trost zu spenden, dem Henninger-Turm, gegenüber in Sachsenhausen. Er finde ihn, so der Dezernent, scheußlich, doch, „so komisch es klingen mag", der Turm sei Frankfurter Wahrzeichen geworden. Das Technische Rathaus werde sich auch an Dom und Römer als Maßstäben behaupten. – Ende 1972 stand das Ungetüm da.

In diese Zeit fiel noch ein zweites Bauvorhaben am Römerberg, das nach seiner Fertigstellung als stadtgestalterischer Schandfleck in der Nachbarschaft historisch erhaltener Gebäude wie Nikolaikirche, Rententurm oder den Resten der Stauferburg wirkte: das Historische Museum. Es gab allerdings einen gravierenden Unterschied zum Technischen Rathaus – die gemessen an der Umgebung überdimensionierten Ausmaße dieses Betonbaus waren nach Darstellung der damals Verantwortlichen im Modell nicht zu erkennen. So entstand dann jedoch eine Bunker-Architektur, die an der südlichen Seite des Römerbergs kaum minder bedrückend wirkt wie das ungeheure Verwaltungsgebäude in Reichweite des Doms.

Doch man kann inzwischen auf Änderungen hoffen. In der Stadtverwaltung gibt es Pläne, das Technische Rathaus abzureißen. Dann eröffnet sich, wieder, die Möglichkeit, das Areal so zu gestalten, dass die Maße der einstigen Altstadt ablesbar würden. Hoffentlich!

Günter Mick

Feuer in Europas höchstem Turm

1973: Brand des Selmi-Hochhauses –
Flammen in 140 Metern Höhe

Eine Fackel steht über der nächtlichen Silhouette der Stadt. Die vier oberen Stockwerke des höchsten Betongebäudes Europas stehen in Flammen. Schalholz in 140 Metern Höhe hat am Abend des 22. August 1973 zu brennen begonnen. Für die Berufsfeuerwehr ist der Brand unerreichbar. Das Feuer erlischt am nächsten Morgen gegen 6.20 Uhr, weil es keine Nahrung mehr findet. Alles Brennbare ist in Rauch und Asche aufgegangen.

Es war das spektakulärste Feuer, das Frankfurt seit den Bombennächten des Jahres 1944 erlebt hatte. Das nach seinem Bauherrn benannte „Selmi-Hochhaus" war zu einer Zeit, als Bürogroßprojekte in der Mainmetropole eher mit Kritik als mit Applaus öffentlich begleitet wurden, eine als hässlich

Das Selmi-Hochhaus steht in Flammen

verschrieene riesige Berühmtheit. Als es brannte und der Feuerschein bis nach Offenbach und in den Taunus leuchtete, sammelten sich Hunderte von Schaulustigen an den Absperrungen. Studenten, die vom nahegelegenen Universitätsviertel gekommen waren, sangen: „Jetzt verbrennen wir dem Selmi sein klein Häuschen", aus der Menge wurde in Abwandlung eines SPD-Wahlkampfslogans und unter Weglassen des Buchstabens „t" gerufen: „Bürger für Brand!"

Der persische Kaufmann Ali Selmi, Eigentümer des auf 100 Millionen Mark Baukosten geschätzten Wolkenkratzers, war ein von der Linken gehasster Mann, weil er im Westend zahlreiche Grundstücke und alte Häuser erworben hatte. Er galt in diesen Kreisen als Spekulant übelster Sorte und war zudem suspekt, weil er freundschaftliche und geschäftliche Beziehungen zu Rezah Pahlevi hatte. Der umtriebige Geschäftsmann galt als „Bankier des Schahs".

Die Ursache des Feuers konnte nie restlos geklärt werden. Als wahrscheinlichste Erklärung ergab sich für die Ermittler die Entzündung von Baustoffen, die im 39. Stockwerk lagerten, möglicherweise auch ein defektes Schweißgerät. Die Großbaustelle war bei Brandausbruch gegen 22 Uhr völlig verlassen. So war bis auf einen tollkühnen Kranführer, der während des Brandes seine Kabine enterte, um Feuerwehrgeräte nach oben zu hieven, kein Menschenleben in unmittelbarer Gefahr. Der Arbeiter konnte schließlich davon überzeugt werden, dass sein Einsatz sinnlos war und nur sein eigenes Leben gefährdete. Selmi hat ihm aus Dankbarkeit beim Richtfest eine Woche nach dem Brand 5000 Mark geschenkt.

Zu löschen gab es am Brandherd nichts. Die Berufsfeuerwehr unter Leitung ihres Chefs Ernst Achilles fuhr zwar in jener Nacht ihren größten Einsatz, damit umliegende Gebäude nicht auch noch durch die brennend vom Himmel regnenden Holztrümmer in Flammen gerieten. Die Löschzüge sämtlicher Feuerwachen waren am Platz der Republik und in umliegenden Straßen zusammengezogen und legten Wasserwände über gefährdete Dächer, Häuser wurden evakuiert, Notquartiere beschafft und Verpflegung ausgegeben.

Der Dienst in den Feuerwachen selbst wurde von Mitgliedern verschiedener Freiwilliger Feuerwehren versehen.

Zu dem Brand in den Stockwerken 39 bis 42 war jedoch kein Vordringen möglich. Zwar war in dem nach den damals modernsten Gesichtspunkten errichteten Hochhaus auch an eine Wasserleitung gedacht worden, aus der die Feuerwehr hätte jede Menge Wasser zapfen können. Doch die wichtigste Voraussetzung für das Funktionieren dieser „nassen Steigleitung" wäre eine große Pumpe im Keller des Gebäudes gewesen. Sie war auch geliefert worden, jedoch wenige Tage vor Ausbruch des Brandes wegen eines Defekts wieder ausgebaut und an den Hersteller zurückgeschickt worden.

Zerstört

Der Plan, zentnerschwere Motorpumpen aus dem Arsenal der Löschwagen etwa alle sechs Stockwerke – einen größeren Höhenunterschied schafften die Aggregate nicht – aufzubauen, die Pumpen miteinander durch Schläuche zu verbinden und so am Schluss Druckwasser zur Brandbekämpfung zu haben, musste aufgegeben werden, weil er technisch zu kompliziert war. Zudem machte sich irgendwann auch jemand Gedanken darüber, in welchem körperlichen Zustand wohl Feuerwehrleute sein würden, wenn sie die Treppen zum 39. Stockwerk zu Fuß hinter sich gebracht hätten.

Etwa 200 Menschen mussten 22 Wohnhäuser in der Umgebung des brennenden Kolosses verlassen und die Nacht in Turn- und Messehallen verbringen. Drei Feuerwehrmänner erlitten leichte Verletzungen. Der Sachschaden betrug etwa vier Millionen Mark. Bauherr Selmi sprach beim Richtfest am 29. August von einem „kleinen Zwischenfall“, der die Fertigstellung des Gebäudes zum Frühsommer 1974 kaum beeinträchtige. Er hatte sich nur um ein halbes Jahr verschätzt.

Thomas Kirn

Der Kampf gegen den Bau der Startbahn West Anfang der achtziger Jahre

Mehr Kapazität für den Frankfurter Flughafen
„Hüttendorf" als Bastion gegen die Staatsmacht

Es gab damals, Anfang der achtziger Jahre, viele Konfrontationen im „Startbahnwald" südlich des Flughafens, und es gab viele Bilder davon, die über das Rhein-Main-Gebiet hinaus der Republik einen Eindruck vermittelten von diesem ungewöhnlich aufrüttelnden Konflikt zwischen Bürgern und Staat. Der Protest gegen die ökonomisch begründete Flughafenerweiterung errang monatelange mediale Präsenz nicht zuletzt durch Symbole wie „Hüttendorf" und „Walduniversität". Diese ließen friedfertigen Zusammenhalt der Protestierenden ebenso assoziieren wie ökologischen Lernprozess. Der Startbahn West-Konflikt brachte der Umweltschutzbewegung in Deutschland einen deutlichen Schub. In jenen Zeiten ging es zwar auch um „Widerstand" gegen

„Gegen die Startbahn West"

Atomkraftwerke und Rüstungspolitik; aber nur bei der Startbahn West gewöhnte sich die Öffentlichkeit daran, den vorherrschend, aber nicht immer gewaltfreien Anwohnerprotest und das teilweise harte Vorgehen der Staatsgewalt unter dem – übertreibenden – Begriff „bürgerkriegsähnliche Zustände“ zu registrieren.

Der Frankfurter Flughafen, mit dem Wiederaufleben des zivilen Luftverkehrs nach dem Krieg schnell aufgrund günstiger geographischer Lage zur wichtigsten deutschen Drehscheibe und zur Lufthansa-Heimat geworden, wollte eine dritte Startbahn bauen und die beiden vorhandenen Parallelbahnen um einige hundert Meter nach Westen verschieben. Beides wurde 1965 vom Flughafenbetreiber beim hessischen Verkehrsminister beantragt und drei Jahre später von diesem per Planfeststellungsbeschluss als Verwaltungsakt auf den Weg gebracht. Das hielt nur zwei Jahre, dann war der Beschluss, gegen den Dutzende von Anfechtungsklagen anhängig waren, durch Urteil der obersten hessischen Verwaltungsrichter wegen eines Formfehlers aufgehoben. In der Folge beschäftigten sich verschiedene Instanzen jahrelang damit, Teile des Beschlusses oder diesen überhaupt oder zumindest von der Verwaltung angeordnete sofortige Vollziehungen aufzuheben oder zu bestätigen oder zurückzuverweisen – der Rechtsstaat gerierte sich als Rechtswegestaat.

Ein Urteil des Bundesverwaltungsgerichts im Juli 1978 brachte die Wende, die Hoffnungen der Kläger, den Startbahnbau juristisch verhindern zu können, schwanden. Entsprechend wuchs die Unterstützung für die Bürgerinitiative gegen die Erweiterung. Im Oktober 1980 machte schließlich ein Urteil des hessischen Verwaltungsgerichtshofs den Startbahnbau rechtlich unanfechtbar. Der Widerspruch gegen die befürchtete Zerstörung von Lebensraum verlagerte sich auf die Straße und in den Wald. Tausende waren dort, als die ersten Bäume fielen, oder trafen sich zu Gottesdiensten in der „Hüttenkirche“. Ein außerordentlicher Parteitag der SPD Hessen-Süd, alarmiert vom schärfer werdenden Protest, verurteilte im November den Startbahnbau als unnötig. Die Befürworter der Erweiterung sahen sich hingegen im

Februar 1981 durch ein Experten-Hearing im Landtag bestätigt, Ministerpräsident Holger Börner (SPD) konnte, unterstützt vom Koalitionspartner FDP, in einer Regierungserklärung die Erweiterung ankündigen. Die Arbeitsgemeinschaft für ein Volksbegehren sammelte im Herbst 1981 mehr als 120 000 Stimmen, doch Hessens Staatsgerichtshof gab

„Hüttendorf"

Börner im Januar 1982 Recht in der Ablehnung. Unter dem Schutz eines gewaltigen Polizeiaufgebots hatte am 6. Oktober 1981 schon der Startbahnbau begonnen, das Hüttendorf war geräumt worden, schwere Krawalle häuften sich. Am 2. November 1987, dem sechsten Jahrestag der Hüttendorfräumung, dreieinhalb Jahre nach Inbetriebnahme der Startbahn West, wurden bei einer Kundgebung im Wald zwei Bereitschaftspolizisten von einem Demonstranten erschossen.

In der Endphase des Konflikts war der lokale Kampf gegen das verhasste Betonband eingebettet in den damaligen überregionalen „Widerstand“ gegen „Imperialismus“ und „Kriegstreiberei“. Die Wortführer jener Argumentation, letztlich sei die Startbahn ein Projekt für Nato-Einsätze, erhofften sich davon Unterstützung von Gruppierungen, denen Wald, Luft oder Trinkwasser doch nicht so wichtig schienen. Die Hessische Stiftung für Friedens- und Konfliktforschung in Frankfurt nahm sich des zeitgemäßen Themas in einer umfänglichen Untersuchung an – Ergebnis: „Mit hoher Wahrscheinlichkeit“ bestehe kein militärisches Motiv für die Flughafenerweiterung.

Auch in anderer Hinsicht ergaben sich in den Jahren, als die Startbahn West ihren zivilen ökonomischen Nutzen erbrachte, Fakten, die einen Teil der Beweisführung der Anti-Startbahn-Kämpfer erledigten. Der Luftverkehr nahm zu, sogar stärker als vorausgesagt; die Zahl der Arbeitsplätze am Flughafen verdoppelte sich; der Flughafenausbau sicherte Rhein-Main tatsächlich für eine begrenzte Zeitspanne die nötige Kapazität.

Jörg Kauffmann

11. Mai 1981: Heinz Herbert Karry wird ermordet

Sechs Schüsse auf den schlafenden Wirtschaftsminister
Trotz jahrelanger Ermittlungsarbeit Täter noch immer nicht gefasst

Der Mord an Heinz Herbert Karry war das abstoßendste Verbrechen des linken Terrorismus' in Deutschland. Noch immer nicht gefasste Täter hatten am frühen Morgen des 11. Mai 1981 auf den in seinem Haus an der Seckbacher Hofhausstraße schlafenden hessischen Wirtschaftsminister geschossen. Sechs Patronenhülsen der Kleinkalibermunition 0.22 long wurden am Tatort gefunden. Eine Kugel hatte die Schlagader im Bauch des Opfers eröffnet. Karry starb an schwersten inneren Blutungen.

Der Minister war einer der führenden Politiker der hessischen FDP, ein Mann von großer Überzeugungskraft, mit Humor begabt, in der Auseinandersetzung konsequent, doch niemals verletzend, ein Mensch, der von seinen Mitstreitern verehrt und von seinen politischen Gegnern geachtet war. Parteien, Gewerkschaften und Kirchen riefen nach dem Mord zu einem Schweigemarsch durch Frankfurt auf, an dem tausende Bürger teilnahmen. In die Trauer mischten sich Wut und Entsetzen über die Unmenschlichkeit von Mördern, die ihre Pistole auf einen schlafenden Mann in

In der Hofhausstraße

seinem Bett abfeuerten. Das Verbrechen, dem Karry zum Opfer fiel, entlarvte die von Terrororganisationen wie „Rote Armee Fraktion" und „Revolutionäre Zellen" rechtfertigend übergestreifte Maske der Sozialrevolution als schlecht gemachte Fratze.

Die Ermittlungen zog wenige Stunden nach der Tat die Bundesanwaltschaft an sich. Die polizeiliche Arbeit lag in Händen einer Sonderkommission des Bundeskriminalamts. Trotz Überprüfung von mehr als 1300 Spuren und Hinweisen und jahrelanger Ermittlungstätigkeit blieb der erste Mord an einem führenden Politiker der Bundesrepublik unaufgeklärt. Der Ausgangspunkt der Ermittlungen war übrigens nicht schlecht. Am Tatort wurde eine Aluminiumleiter sichergestellt, in der Nähe die Tatwaffe gefunden. Sie stammte aus amerikanischen Beständen, war Mitte November 1979 von zwei amerikanischen Tätern gestohlen worden, die sie offenbar zusammen mit weiteren Schusswaffen weiterverkauft hatten. Die von den Karry-Mördern verwendete Pistole war vermutlich auch einmal für einige Zeit im Besitz des Frankfurters Hans-Joachim Klein, der sie in einem Auto transportiert haben soll, das dem damaligen Hausbesetzer und heutigen Bundesaußenminister Joseph Fischer gehörte. Beide Männer haben nach Auffassung der Strafverfolger jedoch nichts mit dem Mord an Karry zu tun.

In jenen regelmäßigen Abständen, zu denen sich der Tag der Ermordung jährte, fragten Journalisten beim Landeskriminalamt nach dem Stand der Ermittlungen. Das Ergebnis jedes Mal: Man war nicht weitergekommen.

Ein drei Wochen nach dem Mord an die Frankfurter Zeitschrift „Pflasterstrand" geschicktes „Bekennerschreiben", dessen Urheberschaft nicht mit letzter Sicherheit geklärt werden konnte, aber bei den „Revolutionären Zellen" vermutet wird, hatte behauptet, der Tod des Ministers sei ein „Versehen". Karry habe als „Türsteher des Kapitals" lediglich daran gehindert werden sollen, „seine zerstörerischen Projekte weiter zu verfolgen". Verstanden wurde darunter vor allem der Bau der Startbahn 18 West am Frankfurter Flughafen. Viele Jahre später, im Mai 1996, veröffentlichte das Magazin „Der Spiegel", die These vom Terroristenversehen finde sich auch in Akten der Staatssicherheit der untergegangenen DDR. Informantin der Stasi sei die Europaabgeordnete der Grünen Brigitte Heinrich gewesen. Heinrich soll gewusst haben, wer den mörderischen Anschlag auf Karry begangen hat, doch sie ist inzwischen gestorben.

Thomas Kirn

Ein Symbol bürgerlicher Kultur und Frankfurter Bürgersinns – Umstrittener Wiederaufbau der Alten Oper

„Schönste Ruine Deutschlands" – Haus für Konzerte und Kongresse

Am 28. August (Goethes Geburtstag) des Jahres 1981 war es soweit. „Eine Versammlung von Prominenten wie selten in der städtischen Nachkriegsgeschichte", schrieb die F.A.Z., traf sich beim Festakt zur Eröffnung der Alten Oper – gutes Ende eines langen, langen Ringens um den Wiederaufbau der „schönsten Ruine Deutschlands". Wie 1880 bei der Eröffnung des nach den Plänen des Berliner Baumeisters Richard Lucae errichteten Hauses im Beisein von Kaiser Wilhelm I. spielte das Orchester (unter Michael Gielens Leitung) Mozarts „Don Giovanni"-Ouvertüre. Im zweiten Konzert dirigierte Georg Solti, der in Frankfurt seine Weltkarriere begann, das Chicago Symphony Orchestra. Der Magistrat gab im Kaisersaal des Römers einen Empfang, bei dem sich Bundespräsident Karl Carstens in das Goldene Buch eintrug. Carstens wertete den Wiederaufbau des – nun für Konzerte und Kongresse eingerichteten – Opernhauses als Beweis der Vitalität Frankfurts innerhalb einer Nachkriegs-Betonlandschaft.

Was Oberbürgermeister Walter Wallmann (CDU) in seiner Eröffnungsansprache vor in- und ausländischem Publikum formulierte, wandte sich konkret auch an die Widersacher der äußeren Rekonstruktion des 1944 zerstörten Gebäudes aus einer anderen Zeit. Wallmann sah den Wiederaufbau als Antwort auf die Frage nach Sinn und Wert der bürgerlichen Kultur im Zeitalter der demokratischen Massenzivilisation. Es gebe nicht wenige im Lande, die der bürgerlichen Gesellschaft und ihrer Kultur eine Absage erteilt hätten. Dies sei auch der Grund der heftigen Diskussionen um den Wiederaufbau gewesen.

So hatte die Rettung des neoklassizistischen Hauses vor allem den Lokalpolitikern abgetrotzt werden müssen. Die ebenso flapsige wie wohlkalkulierte Ankündigung des hessischen Finanzministers und späteren SPD-Oberbürgermeisters Rudi Arndt, er verspreche jedem eine Million, der die Ruine mit Dynamit aus dem Wege räume, setzte sich im Bewusstsein fest als Indiz der offiziellen Geringschätzung durch das sozialdemokratische „Milieu", das parallel dabei war, auch das Schleifen des großbürgerlichen Westends billigend in Kauf zu nehmen. Aber „Dynamit-Rudi" selber war es, der von der Entwicklung überrollt und schließlich verdientermaßen widerlegt wurde: In einem Akt des Bürgersinns, den viele Beobachter als typisch für diese Stadt charakterisierten, legten kleine und große Spenden mit insgesamt 15 Millionen Mark den Grundstein für den Erhalt des Gebäudes. Spiritus rector dieser Aktionsgemeinschaft war, unermüdlich werbend und sammelnd, Handelskammerpräsident Fritz Dietz.

Freilich konnte auch dieses Engagement nicht völlig Skepsis und Zweifel besiegen – schon gar nicht, als schließlich der Endbetrag 200 Millionen Mark erreichte. Denn immerhin hat in Frankfurt neben dem Mäzenatentum auch das Wirtschaften sparsamer Kaufleute Tradition. So kam es, dass nicht bloß antibürgerliche und traditionsfeindliche Ressentiments zu überwinden waren, sondern auch der „Zeitgeist", der – wenn schon ein Wiederaufbau nicht länger zu verweigern war – das Haus wenigstens „modern" auszustaffieren gedachte. Allen Ernstes plädierten Kulturpolitiker, um

Die Alte Oper im Bau

die hohen Kosten zu rechtfertigen, zeitweilig für die Implantierung einer Mehrzweckhalle zur „Demokratisierung" der Nutzbarkeit.

Dabei ging es doch, soziale Schichten überspielend, letztlich darum, dieser ihrer früheren Sehenswürdigkeiten weitgehend beraubten, viel zu oft dürftig zurechtgeflickten Stadt ein neu-altes Symbol des „Festlichen", des einfach „Schönen" zu geben. Das ist gelungen – allein schon, dass die Alte Oper nun zu den besseren Zeugnissen zeitgenössischer Architektur einen reizvollen Kontrast bildet, gibt ihr städtebaulichen Rang, ganz unabhängig von der Tauglichkeit des großen und kleinen Konzertsaals für Klassik und Pop oder der Nutzbarkeit der Konferenzeinrichtungen.

Da wirken im Rückblick die klassenkämpferischen Sottisen einiger Gegner von einst seltsam öde. Etwa wenn Diether Dehm in der „Tageszeitung" die unvermeidliche Parole ablieferte, bürgerliche Kultur habe zunächst immer den Zweck, auf die Unterdrückten auszustrahlen. Oder Frank Wolff, der aus der Frankfurter Studentenbewegung heraus in der „Zeit" verlautbarte, Kultur à la Alte Oper sei zum billigen Parfüm geworden, das im Namen der toten Klassiker über die vergiftete Welt der Lebenden gesprüht werde: „Na, viel Spaß denn!"
Danke! Hatten wir seitdem.

Jörg Kauffmann

Die Eröffnung der Alten Oper

Wieder Fachwerk in der „Gut' Stubb'"

Rekonstruktion der Ostzeile des Römerbergs
Rückbesinnung auf die Geschichte der Stadt

Da wurde den betongeduldigen Frankfurtern warm ums Herz, als Oberbürgermeister Walter Wallmann 1983 anders als sonst den Weihnachtsmarkt auf dem Römerberg eröffnete. Dort war in jahrelanger, fachmännischer Tüftelei ein schmales Stück Altstadt rekonstruiert worden. Wallmann sprach zu den Zuhörern vom dritten Stock des Hauses „Wilder Mann" statt vom Balkon des Römers herab; das Haus „Kleiner Dachsberg" nebenan war gar als Adventskalender gestaltet, dessen Fenster sich nacheinander öffneten und den Blick auf Personen aus der Stadtgeschichte, dargestellt von Schauspielern, freigaben. Musste die Inszenierung nicht wirken wie eine gelungene Weihnachtsüberraschung?

Viele empfanden den Wiederaufbau der historischen Fachwerkzeile am Ostrand des Platzes in der Tat als längst fällige Gabe – als einen Lückenschluss im Geviert der „Gut' Stubb'", der alten Frankfurtern aus der Identifikationsnot der Jetztzeit herauszuhelfen vermochte. Andere spotteten über ein vermeintliches Stück Disneyland, aufgebaut hauptsächlich für das Kameraklicken der Touristen, und lästerten, nicht zufällig seien die Knusperhäuschen sogleich als Modellbausatz zu kaufen.

Das Ensemble aus sechs, teils schmalbrüstigen, Bürgerhäusern entstand maßstabsgetreu, aber nicht ganz in jener Gestalt, die die Kriegsbomben zerstört hatten. Vor dem nahezu kompletten Untergang der Altstadt 1944 waren die Bauten der Ostzeile verputzt oder mit Schiefer verkleidet gewesen; die Rekonstruktion brachte die früheren Fachwerkfassaden zurück. Bis dahin aber war es ein sehr langer Weg.

Zuletzt hatte Oberbürgermeister Rudi Arndt in den Siebzigern eine Kehrtwende in der ermüdenden Diskussion eingeleitet und für einen historisch getreuen Wiederaufbau geworben. Ihn ließ sein Nachfolger Wallmann schließlich in die Tat umsetzen. Zwischen Römerberg und Domturm,

Die Ostzeile des Römerberges wird wieder aufgebaut

Frankfurts geschichtliche Mitte, war seit 1945 zunächst nichts als Trümmerschutt, später eine planierte, von parkenden Autos genutzte Einöde zu besichtigen. Ein Wiederaufbau der Altstadt kam entgegen den Wünschen der „Traditionalisten" für die tonangebende Planerfraktion der „Modernen" überhaupt nicht in Frage. Gebaut wurden stattdessen niedrige Wohnhausblöcke ohne großen architektonischen Anspruch und grüne Innenhöfe. Ein noch nicht einmal halbherziger Versuch der östlichen Platzbegrenzung brachte gegenüber dem Römer zwei banale Giebelhäuser, die 1971 der Baustelle für die U-Bahn-Station wichen.

Doch in jenen Jahren ging auch ein Ruck durch die Reihen der Stadtgestalter: Tunnelbahnen, Hochhäuser und Finanzplatzfunktionen konnten nicht alles sein. Das stadträumliche Defizit und die Vernachlässigung kultureller Schwerpunkte wurden zu Recht als Manko im sich abzeichnenden Wettbewerb der deutschen und europäischen Großstadtregionen erkannt – und mit erstaunlichem Elan zu einem großen Teil behoben.

Ergebnis der Neubesinnung, die zugunsten eines weniger kalten, nüchternen Frankfurtprofils „Heimeligkeit" und gebaute historische Reminiszenz nicht länger als bildungs- oder kleinbürgerlich schmähte, war also auch die Fachwerkzeile in deren Rücken dann die Kulturschirn und weitere Stadthäuser in zeitgenössischem Stil entstanden. Bezeichnend ist, dass die drei beliebtesten öffentlichen Orte des heutigen Stadtpublikums – Opernplatz, Hauptwache, Römerberg – ihre Aufenthaltsqualität aus Architekturformen der Vergangenheit herleiten können.

Der Inbesitznahme der Ostzeile des ehemaligen Gerichts-, Messe- und Krönungsplatzes vor dem Römer folgte im Jahr darauf, 1984, die Eröffnung des nur als Ruine erhaltenen, deshalb – mit einigen Abweichungen – rekonstruierten Leinwandhauses am benachbarten Weckmarkt. Das repräsentative Bürgerhaus aus spätgotischer Zeit, vermutlich ein Werk des Dombaumeisters Madern Gerthener, diente später Textilienhändlern als Zunftgebäude. Heute residieren hier die Kommunale Galerie und das Fotografie Forum Frankfurt. Zeitweilig war statt dessen von einem „Jugendhotel" die Rede gewesen – wie nicht anders zu erwarten, gelang auch dieser Rückgriff auf Frankfurter Bauhistorie samt der Entscheidung über eine adäquate Verwendung erst nach schwierigem Hin und Her.

Jörg Kauffmann

Fassbinder, die Juden und die Freiheit der Kunst

Bühnenbesetzung im Frankfurter Kammerspiel
Leidenschaftliche Debatte „nach Auschwitz" über ein Theaterstück

Es ist der Abend des Reformationstags. Um den Eingang zum Kammerspiel an der Rückfront der Städtischen Bühnen drängen sich rund vierhundert Menschen. „Schämt euch!" müssen sich die Theaterbesucher anhören, die durch einen mit Metallgittern abgesperrten Weg dem Eingang zustreben. Plakate mit der Mahnung „Wehret den Anfängen!" und „Antisemitisches auf den Müll dieser Stadt!" recken sich über die Menge. Einige Leute haben sich einen gelben Stern mit der Aufschrift „Jude" angeheftet.

31. Oktober 1985. Im Kammerspiel soll das Stück „Der Müll, die Stadt und der Tod" von Rainer Werner Fassbinder uraufgeführt werden. Die Ankündigung des neuen Schauspiel-Intendanten Günther Rühle im Frühsommer, dieses Opus des Filmemachers und früheren Chefs des Theaters am Turm auf die Bühne zu bringen, konnte nicht mit abwartender Gelassenheit aufgenommen werden. Im Jahr zuvor war nach leidenschaftlichen politischen Debatten dem Manager der Alten Oper, Ulrich Schwab, Einhalt geboten worden, dort das Stück über einen reichen Juden im

Demonstration

Schmuddelmilieu von Huren und Schlägern aufzuführen. Kulturdezernent Hilmar Hoffmann hatte unmissverständlich Position bezogen: „Nach Auschwitz können wir uns keine Missverständnisse und keine Naivität mehr leisten.“

Massiver politischer Protest beginnt sich wieder zu artikulieren. Während SPD und Grüne dabei warnen, die im Grundgesetz verbürgte Freiheit der Kunst dadurch zu unterhöhlen, dass auf den Intendanten Druck ausgeübt werde, raten CDU und FDP entschieden von einer Aufführung ab. Sie argumentieren, die jüdischen Bürger der Stadt empfänden das Stück als Beleidigung und Bedrohung. In diesem Sinne wenden sich auch die Kirchen an den Schauspieldirektor, die Schirmherrinnen der Frankfurter Wizo-Gruppe veröffentlichen – „nach allem, was in diesem Land geschehen ist“ – einen Aufruf gegen die Aufführung.

Oberbürgermeister Walter Wallmann (CDU) hält das Stück für schlecht, ohne künstlerischen Anspruch und hofft, dass Rühle „zur Einsicht“ komme und das Werk wegen der antisemitischen Tendenzen vom Spielplan absetze. Wallmann lehnt es jedoch ab, mit administrativen und politischen Mitteln eine Aufführung zu verhindern. Er entscheidet sich („Ich habe mir das nicht leichtgemacht“) für die Freiheit der Kunst. Als Oberbürgermeister dürfe er nicht in den Spielplan der Städtischen Bühnen eingreifen, trotz seiner Meinung über das Stück und eingedenk der „schlimmen Folgen“, die eine Aufführung haben könne.

Vor dem Stadtparlament legt Wallmann am 12. September noch einmal seine Auffassung dar: Er missbilligt die Aufführung. „Es trifft mich, dass allein die Ankündigung Bürger unserer Stadt in Angst versetzt und neuem Zweifel an unserer Einstellung und unserem festen Willen zur Versöhnung, Toleranz und einem friedlichen Miteinander Vorschub leistet.“ Der Oberbürgermeister fügt hinzu: „Aber wir haben aus der nationalsozialistischen Gewaltherrschaft auch eine andere bittere Lehre ziehen müssen: Zensur zerstört die Geistesfreiheit und damit zugleich die politische Freiheit eines demokratischen Gemeinwesens. Damit aber würde auch unseren jüdischen Mitbürgern Freiheit und Sicherheit genommen.

„Der Müll, die Stadt und der Tod“

Deshalb darf es in keinem Fall wieder Zensur in Deutschland geben.“

Doch Günther Rühle gibt nicht nach. Fassbinder sei, bemerkt er dazu, nicht irgendwer, „Der Müll, die Stadt und der Tod“ nicht sein schlechtestes Werk. Der Intendant äußert Verständnis für die Befürchtungen und räumt ein, es komme „eine unheimliche Last auf uns zu“ Aber das Stück müsse „weg“. Denn: „Man kriegt bestimmte Dinge nur weg, indem man sie veröffentlicht.“

Es ist der Abend des Reformationstags. Während draußen Menschen demonstrieren, betreten 26 Frauen und Männer, unter ihnen Ignatz Bubis, Repräsentant der Frankfurter Jüdischen Gemeinde, die Bühne im Kammerspiel. Die Gruppe fügt Teile eines Transparents zusammen: „Subventionierter Antisemitismus“. Ein Sprecher teilt dem Publikum mit, die Bühne sei besetzt, um die Aufführung eines Stückes zu verhindern, das eine Beleidigung und Diffamierung aller jüdischen Mitbürger dieser Stadt sei. Eine lebhafte Diskussion im Publikum und mit den Besetzern setzt ein. Eine Stunde vor Mitternacht stellen Rühle und der Kulturdezernent fest, die Schauspieler wollten zwar immer noch spielen, doch werde die Bühne dafür nicht freigegeben. Der Schauspieldirektor kündigt einen neuen Anlauf an.

Es ist Samstag, 9. November. Die Juden gedenken in der Westend-Synagoge der Zerstörung ihrer Gotteshäuser vor 47 Jahren, der Greuel des Holocaust. Eindringlich wird das Kaddisch zum Andenken an die Opfer gesprochen. „Dass sich Gott zuwenden alle Frevler dieser Welt!“ Eindringlich appelliert Wallmann noch einmal an den Intendanten, auf die Aufführung zu verzichten, wobei er zugleich, bei allem Verständnis, die Bühnenbesetzung missbilligt. Zu behaupten, das Stück sei nicht antisemitisch, stelle eine Missachtung jüdischer Selbstachtung dar, äußert das Vorstandsmitglied der Jüdischen Gemeinde, Hermann Alter.

Am Montag, nach einem Gespräch mit Wallmann und Hoffmann, verzichtet Rühle auf die Uraufführung. Rücksicht auf den „inneren Frieden“ der Stadt und die Arbeitsfähigkeit des Theaters nennt er als Gründe.

Günter Mick

Dezember 1991: Der Messeturm überragt alle anderen in Europa

Ausrufezeichen für „Mainhattan"

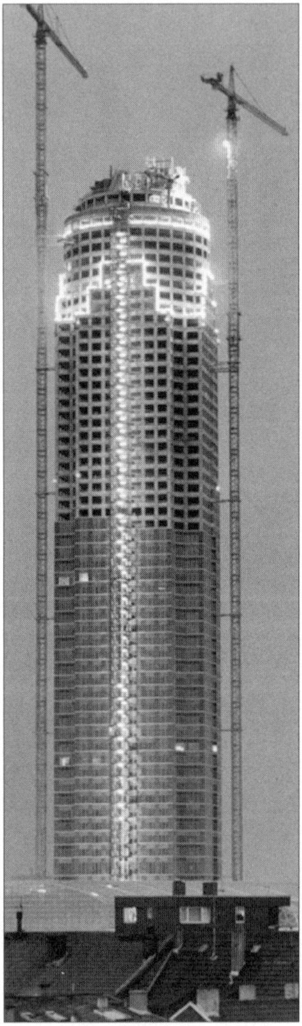

Der Messeturm im Bau

Sorry, Sir Norman Foster, doch als „das" Frankfurter Wahrzeichen gilt immer noch der Messeturm des Kollegen Helmut Jahn und nicht Ihre Commerzbank-Zentrale, obwohl diese den sechs Jahre älteren Bau um zwei Meter in der Höhe übertrumpft. Denn der Frankfurter, wenn er den Kopf in den Nacken legt und die Skyline mustert, wählt seinen Favoriten auch mit dem Gefühl. Der 256 Meter hohe Messeturm des deutsch-amerikanischen Büros Murphy/Jahn (Chicago), ein Ausrufezeichen, ein Riesenbleistift, ein erhobener Finger oder was sonst noch, ist von jener Gestalt, die am ehesten klassische amerikanische Hochhausarchitektur á la Empire State Building beschwört. Das fördert die emotionale Bindung: Ein bisschen New York möchte man halt schon sein, vor allem, seit das einstige Spottwort „Mainhattan" zu einem durchaus reputierlichen Frankfurt-Etikett umgedeutet wurde. Ein paar Jahre war Jahns Turm an der Ludwig-Erhard-Anlage außerdem das höchste Bürogebäude Europas; dank des Bankturms des britischen Stararchitekten Foster am Kaiserplatz bleibt der Superlativ der Stadt bis auf weiteres erhalten. Und die nächste Bestmarke ist schon im städtischen Hochhausentwicklungsplan notiert: der „Millennium-Turm“ könnte nochmals 120 Meter höher ausfallen. Für eine mittelgroße Großstadt, deren städtebauliche Qualitäten sonst vielfach zu wünschen übrig lassen, ist das ein erstaunlicher Skyscraper-Ehrgeiz. Und tatsächlich sah es beim Messeturm zunächst danach aus, als habe man beim „Immer höher“ eine letztlich auch für Deutschlands Wirtschaftshauptstadt geltende Grenze fahrlässig überschritten. Als der Turm mit seinen gut 82 000 Quadratmetern Bruttogeschossfläche gegen Ende 1991 fertiggestellt war, konnte Bauherr Jerry I. Speyer, Präsident des amerikanischen Immobilienunternehmens Tishman Speyer in New York, viel Lob für den mit rosafarbenem Granit verkleideten Wolkenkratzer, aber noch nicht sehr viele Mieter in den 53 Büroetagen vorweisen. Doch fünf Jahre später war die Attraktivität des Turms nicht länger fragwürdig: Er war komplett vermietet und weckte plötzlich die Begehrlichkeit in- und ausländischer Immobilienfondsgesellschaften.

Nicht durchsetzen konnte sich die Stadt mit ihrer Absicht, nach dem Vorbild ungezählter Hochhäuser in Nordamerika bei dem Bauherrn eine „Sky-Lobby“ einzufordern. Fenster mit Aussicht fürs allgemeine Publikum, das ließ sich erst knapp zehn Jahre später im Main Tower der Landesbank Hessen-Thüringen durchsetzen, und zwar immerhin 200 Meter über dem Straßenniveau des Eingangsfoyers. Hier, im traditionellen Bankenviertel, sind Ausguck und Restaurant umgeben von der größten Zahl von Kolossen der Stadtsilhouette. Der Messeturm hingegen stand, als er fertig war, noch ziemlich alleine da: Lediglich der 162 Meter hohe Hotel-Büro-Komplex von 1976 an der Hamburger Allee war ein angemessener Nachbar.

Das Grundstück, auf dem Jahns Turm thront, war im Besitz der Messegesellschaft, und deshalb entstand der Riese hier. Doch inzwischen formt sich ein Hochhaus-Ensemble nach dem Vorbild des Bankenquartiers auch hier, „Kastor“ und „Pollux“ kamen hinzu, das Westend Plaza, wenn es denn nach den derzeitigen Plänen gebaut wird, sieht zwei Hochhäuser vor, und für den erwähnten „Millennium"-Superbau würde die Baugrube nur einen Steinwurf entfernt ausgehoben.

Am Standort Messe entwickelt sich der zweite Hochhaus-„Pulk" des engeren Stadtgebiets. Erst recht gilt dann, was schon Messeturm-Schöpfer Helmut Jahn seinerzeit sagte: Kommerzielle Signale ersetzen die öffentlichen und religiösen Wahrzeichen der historischen Stadt; je mehr diese Skyline in den Himmel wachse, desto mehr würden die Höchsten zur neuen „Stadtkrone". So ist es: Keine andere europäische Stadt hat in ihrem Kern und an dessen Rand – also nicht an irgendeiner Peripherie – derart städtebaulich dominierend die Zeichen wirtschaftlicher Potenz aufgepflanzt. Es geschah überwältigend schnell, in kaum drei Jahrzehnten – noch Luftaufnahmen vom Ende der sechziger Jahre zeigen ein ganz anderes Frankfurter Bild. Es ist die zweite substantielle Verwandlung der Stadtgestalt im 20. Jahrhundert. Die erste war Folge der Kriegszerstörungen, die 1945 eine weitgehend plattgebombte Innenstadt ohne die mittelalterlichen Viertel zurückließen. Die Betrachtung der historischen Mainfront stand am Beginn dieses Buches und machte einen Teil des Verlusts anschaulich. Mag sein, eine einigermaßen intakt gebliebene Stadt hätte gar nicht erst dieses hastige, im einzelnen mitunter zerstörerische Bestreben entwickelt, sich mit dem „Immer höher" eine neue, unverwechselbare bauliche Identität zu schaffen.

Jörg Kauffmann

Der Messeturm

Die Deutsche Bibliothek – CIP Einheitsaufnahme

Frankfurt:
Streifzüge durch das zwanzigste Jahrhundert/
hrsg. von Günter Mick. –
Frankfurt am Main: Societäts-Verl., 2002
ISBN 3-7973-0816-7